윤증 산문의 세계

박경실 편역

UUP

유종원 산문의 세계

■

- 2017년 12월 15일 **초판 인쇄**
- 2017년 12월 22일 **초판 발행**
- **편역자 박경실**
- **펴낸이** 오연천
- **펴낸곳 UUP.**(울산대학교출판부) 680-749 울산광역시 남구 대학로 93(무거동) 울산대학교 출판부
- 전화 (052)259-2488 팩스 (052)277-3011 ▪ **홈페이지** http://uup.ulsan.ac.kr
- **출판등록** 제370-1996-000001호(1996.3.13)
- ₩ 12,000

■

이 도서의 국립중앙도서관 출판도서목록(CIP)은,
e-CIP 홈페이지(http://www.nl.go.kr/ecip)에서 이용하실 수 있습니다.
(CIP제어번호 : CIP2017033924)

ISBN 978.89.7868.415.6 (93820)

서 문

중국의 산문은 전통문학의 핵심을 이루고 중국인의 삶과 역사를 풍부한 내용으로 간직하고 있는데 그중 唐宋八家文은 중국에서 뿐 만 아니라 한국에서도 많이 사랑을 받아온 작품들이다. 특히 유종원은 韓愈와 같이 唐代 古文運動을 주창하여 문장이 화려하고 내용이 공허한 병문(騈文)을 반대하며 질박한 산문을 저술하였다. 그는 당나라의 걸출한 문학가로 당시 정치 사회를 신랄하게 비판하면서 일반 백성의 입장에서 실질적인 의견과 견해를 제시하면서 예술성이 풍부한 작품을 남겼다. 현재 우리에게도 적용할 수 있는 살아있는 문학작품이라고 여겨진다. 그러나 유종원의 작품을 쉽게 이해할 수 있는 번역본이 적어 이해할 수 있는 기회가 한정적이었다.

이에 본서에서는 유종원 산문의 내용을 알기 쉽게 해석하고 어려운 한자를 풀이하여 작품에 대한 접근성을 도와주고 유종원 작품세계를 이해할 수 있게 하였다. 또한 각주를 첨가하고 번역과 작품 감상과 분석을 통하여 산문에 대한 이해를 증진시켰다.

본서는 《柳宗元全集》(柳宗元 著, 曺明綱 標點, 上海古籍

出版社, 1997)을 저본으로 하였고, 번역은 《유종원집》1 - 4 (옮긴이 : 오수형 · 이석형 · 홍승직, 소망출판사, 2009)을 중심으로 했으며 부분적으로 견해가 다른 것 만을 수정해서 표현하였다. 각주는 《柳宗元散文選》(汪冬青 注譯, 三聯書店(香港)有限公司 · 上海古籍出版社 聯合出版, 1990)을 참고로 하였다. 또 《唐宋八代家散文鑑賞辭典》(呂晴飛 主編, 中國婦女出版社, 1991)과 《新譯柳宗元文選》(卞孝萱 · 朱崇才 注譯, 三民書局, 2006)을 참고로 산문의 감상과 분석을 하였다.

본문에 수록된 산문은 유종원의 대표작 25편을 발췌하여 《柳宗元全集》에 수록된 순서에 의거하여 편집하였다. 그리하여 중국문학을 전공하는 학생은 물론 일반 독자들에게도 참고 가치가 있을 것이다.

이 책을 통하여 유종원 산문을 이해하고 나아가 중국산문을 폭넓게 수용하고 이해하는 통로가 되기를 바라고 앞으로도 당송팔가문의 산문을 접근하기 쉬운 글로 지면에서 계속해서 만날 수 있기를 바랍니다.

이 어려운 책 출판을 위하여 고생한 울산대 출판사 관계자에게 감사의 마음을 전합니다.

2017. 9

박경실

유종원에 대하여

柳宗元(773-819) 字는 子厚로, 唐나라 유명한 문학가이자 사상가이다. 代宗 大曆 8년(773년)에 長安에서 태어났지만 祖籍이 河東(현 山西省 永濟縣)이어서 유하동이라고도 한다. 貞元 9년 (793년) 21세로 진사과에 합격하고 26세에 박학굉사과(博學宏詞科)에 급제하여 집현전서원정자(集賢殿書院正字)와 남전현위(藍田縣尉) 등의 관직을 역임하였다.

정원 21년 (805년) 德宗 李适이 승하하고, 順宗 李誦이 즉위한 永貞 元年에 유종원은 王叔文이 중심이 된 개혁집단에 참여하는데 이것이 '영정혁신' (永貞革新)이다. 당시 부패한 정치를 타파하고 이상적인 세상을 만들고자 하였으나 실패하여 永州와 柳州로 폄적 가서 생활하다가 元和 14년 (819년) 향년 47세로 유배지 유주에서 병사하였다.

유종원은 韓愈와 같이 唐代 古文運動을 주창하여 문장이 화려하고 내용이 공허한 병문(騈文)을 반대하고 질박한 산문을 저술하였다. 그의 주옥같은 작품은 약 500 여 편으로 특히 문학과 철학, 사학에 관한 논설문, 우언, 游記, 傳記 방면에 걸출한 작품이 많다. 본문에서는 그의 대표작 25편을 선정하여 각 작품의 특색을 소개하면 다음과 같다.

〈封建論〉에서는 봉건은 성인의 의지에서 나온 것이 아니라 형세에 의한 것이라고 하면서 秦漢 이후 봉건제도와 군현제도에 대해 각각 경험과 교훈을 분석 평가하고 군현제가 역사발전의 필연 추세임을 논증하였다. 논리적이고 설득력이 있는 문장이다. 〈時令論 · 上〉에서는 절기를 '天人感應說'과 연관 시킨 것에 대한 철저한 비판이 있는 문장이다. 〈天說〉에서 유종원은 천지와 元氣 · 음양 등은 모두 물질이어서 항상 보는 초목과 같아 근본적으로 의지가 있는 것이 아니고 사람들에게 賞罰을 내릴 수 있는 것이 아니다. 또 정치혼란과 황제의 통치권도 하늘에 있는 것이 아니고 인심의 향배에 의해 결정되어진다고 하여 天命神權을 부정하였다. 〈捕蛇者說〉은 부역의 과중함과 가렴주구(苛斂誅求)하는 지방 관리들을 직접 목도하고 현실을 고발하여 쓴 것이다. 암흑정치가 호랑이 보다 백성에게 미치는 폐해가 크다는 것을 고발한 작품이다. 〈三戒〉·〈蝜蝂傳〉·〈羆說〉은 우언으로 곤충과 동물 등을 통하여 욕심 많고 사리를 깨닫지 못하는 사람과 정치 등을 풍자하였다. 〈觀八駿圖說〉은 유종원이 새로운 시각으로 八駿圖 그림을 평한 문장으로 성인에 대한 명확한 견해를 표명하였다. 〈晉文公問守原議〉는 옛 것을 빌려 현재를 풍자하여 당시 최고 통치자에 대해 신랄하게 비판한 문장이다. 〈駁復讎議〉는 陳子昂의 모순된 주장에 대해 반박을 한 그의 대표적인 政論文이다. 〈桐葉封弟辯〉은 주나라

成王에 관한 故事를 예리한 안목과 논리로 독특한 견해를 펼친 작품이다. 〈鈷鉧潭西小丘記〉는 유종원 山水游記의 대표 작품으로 아름다운 필체로 독특한 永州의 경치를 생생하게 묘사하고 마음 속의 불평을 표현하였다. 〈宋淸傳〉·〈梓人傳〉·〈種樹郭槖駝傳〉 등의 傳記는 서민들의 삶을 묘사하여 내용이 진솔하고 사회와 개인의 관계를 잘 표현한 풍자성 작품이다. 11살 소년 區寄가 도적에게 잡혀 팔려가다가 기지를 발휘해 도적을 죽이고 탈출한 일들을 〈童區寄傳〉을 통해 찬양하였다. 〈送薛存義之任序〉에서 관리는 백성에게 봉사하고 성실하게 공무를 처리해야 한다는 의견을 제출했는데 당시 상황에서 탁월한 견해이다. 〈送澥序〉는 유종원이 유씨 가문의 번성과 쇠락을 서술하고 유배지 永州에서 친척 동생인 澥를 만나 그에게 바라는 심경 등을 잘 묘사하였다. 〈愚溪詩序〉는 전편에 "愚"자를 사용하여 경치와 서정·의론을 변화 있게 처리하여 탁월한 예술 기교를 보여주었다. 〈序飮〉은 〈愚溪詩序〉에서 언급한 小丘와 같은 장소에서 술 마시는 정황을 서술하여 유배지에서 잠시 근심을 잊는 경지를 표현하였다. 〈與韓愈論史官書〉에서는 사관의 역할과 임무를 설명하면서 자신의 정치이상을 피력하였다. 〈與呂道州溫論非國語書〉·〈答韋中立論師道書〉에서는 문학의 사회작용, 내용과 형식의 관계, 문학의 원류와 풍격 등의 견해를 표명하여 문학이론에서 탁월한 공헌을 하였다. 〈賀進士王參元失火書〉는 王參元 집에 불이나 완전히 불탔는데, 유종원은 슬퍼하거나 동정하기 보다는 오히려 축하를 하고 아울러 그 이유와 상황을 잘 묘사하였다. 평소의 태도와 다른 이런 모습으로 당시 사회의 많은 폐단을 과감하게 폭로하였다. 〈箕子碑〉는 箕子를 위해서 쓴 碑文이지만 "隱忍" 두 글자를 핵심적으로 사용하여, 유종원이 남에게 말 못할 고충을 함축적이고 힘차게 표현한 문장이다.

목 차

封建論

天地果無初乎?[1] 吾不得而知之也. 生人果有初乎?[2] 吾不得而知之也. 然則孰爲近?[3] 曰:有初爲近. 孰明之?[4] 由封建而明之也. 彼封建者, 更古聖王堯、舜、禹、湯、文、武而莫能去之.[5] 蓋非不欲去之也, 勢不可也. 勢之來, 其生人之初乎?[6] 不初, 無以有封建. 封建, 非聖人意也.

---

1) 初(초) : 원시 단계.
2) 生人 : 生民, 인류 (唐太宗 李世民의 이름을 諱字하기 위해 "民" 대신 "人"을 사용하였다.)
3) 孰(숙) : 어떤 것. 近 : 접근. 실제 상황에 접근하다.
4) 明 : 증명하다.
5) 更 : 겪다, 경과하다. 去之 : 분봉제를 폐지하다.
6) 其 : 大概.

彼其初與萬物皆生,[7] 草木榛榛,[8] 鹿豕狉狉,[9] 人不能搏噬,[10] 而且無毛羽, 莫克自奉自衛,[11] 荀卿有言:[12] "必將假物以爲用"者也.[13] 夫假物者必爭, 爭而不已, 必就其能斷曲直者而聽命焉.[14] 其智而明者, 所伏必衆; 告之以直而不改, 必痛之而後畏; 由是君長刑政生焉. 故近者聚而爲羣. 羣之分, 其爭必大, 大而後有兵有德.[15] 又有大者, 衆羣之長又就而聽命焉, 以安其屬,[16] 於是有諸侯之列. 則其爭又有大者焉. 德又大者, 諸侯之列又就而聽命焉, 以安其封,[17] 於是有方伯、連帥之類.[18] 則其爭又有大者焉. 德又大者, 方伯、連帥之類, 又就而聽命焉, 以

---

7) 彼(피) : 그들, 인류를 가리킨다.
8) 榛榛(진진) : 초목이 무성한 모양.
9) 豕(시) : 돼지. 狉狉(비비) : 무리를 지어 뛰어다니는 모양.
10) 噬(서) : 씹다.
11) 莫克(막극) : 不能. 自奉(자봉) : 스스로 돌보다.
12) 荀卿(순경) : 戰國시대 저명한 사상가(B.C.313-238)로, 저서 《荀子》가 있다.
13) 假物以爲用(가물이위용) : 外物의 힘을 빌려 자기가 사용하는 것으로 삼다. 《荀子 · 勸學篇》에서 인용하였다.
14) 就(취) : 往, 趨. 曲直 : 是非. 曲은 非, 直은 是.
15) 兵(병) : 군대, 武力. 곧 무력을 사용하여 진압하다. 德 : 恩德. 곧 은덕을 베풀어 위로하다.
16) 屬(속) : 부하.
17) 封(봉) : 封地, 封國.
18) 連帥(연수) : 十國 제후의 우두머리.

安其人, 然後天下會於一.[19] 是故有里胥而後有縣大夫,[20] 有縣大夫而後有諸侯, 有諸侯而後有方伯、連帥, 有方伯、連帥而後有天子. 自天子至於里胥, 其德在人者, 死必求其嗣而奉之. 故封建非聖人意也, 勢也.

夫堯、舜、禹、湯之事遠矣, 及有周而甚詳. 周有天下, 裂土田而瓜分之, 設五等,[21] 邦羣后,[22] 布履星羅, 四周於天下, 輪運而輻集. 合爲朝覲會同,[23] 離爲守臣扞城.[24] 然而降於夷王,[25] 害禮傷尊, 下堂而迎覲者.[26] 歷於宣王,[27] 挾中興復古之德,[28] 雄南征

19) 會於一(회어일) : 천하 一人에 통일되다.
20) 里胥(이서) : 고대의 鄕官. 縣大夫(현대부) : 縣의 우두머리.
21) 五等(오등) : 周나라 天子가 나눈 귀족의 등급으로 公·侯·伯·子·男 5등급으로 등급에 따라 封地의 大小가 결정된다.
22) 邦(방) : 나라. 이곳에서는 動詞용으로 分封의 뜻. 后 : 제후
23) 朝覲會同(조근회동) : 제후가 천자를 알현할 때 봄에 가는 것을 '朝'라 하고 가을에 가는 것을 '覲'이라 한다. 수시로 가는 것을 '會'라고 하며 동시에 같이 가는 것을 '同'이라 한다.
24) 扞(한) : 干과 같은 의미로, 방패. 扞城 : 수호자를 비유함.
25) 夷王(이왕) : 주나라 제 9대 왕 희변(姬燮)으로 기원전 869년에서 858년까지 재위하였다.
26) 下堂而迎覲者 : 주나라 夷王 때 왕실이 쇠락하여 제후가 알현하면 이왕은 이외로 친히 내려와 영접하였다.《周禮》규정에 의하면 천자는 다만 궁궐에 앉아서 제후를 영접해야한다.
27) 歷(역) : 경과. 宣王 : 주나라 11대 왕 姬靜으로 기원전 827년에서 782년까지 재위.
28) 挾(협) : 의지하다. 中興 : 주나라 이왕 때는 쇠락의 길로 접어들었으나 선왕이 出兵하여 주위의 부족을 정벌하여 승리를 얻어서 宣王중흥이라 한다. 復古 : 서주 초기의 강성한 상태를 회복한 것.

北伐之威, 卒不能定魯侯之嗣.[29] 陵夷迄於幽、厲,[30] 王室東徙,[31] 而自列爲諸侯矣. 厥後,[32] 問鼎之輕重者有之,[33] 射王中肩者有之,[34] 伐凡伯、誅萇弘者有之,[35] 天

29) 卒(졸) : 결국. 不能定魯侯之嗣 : 주나라 선왕 11년(기원전 817년) 魯나라 武公이 맏아들 括과 둘째 아들 戱를 데리고 선왕을 알현하였다. 선왕은 戱를 무공의 후계자로 확정하였다. 무공이 죽자, 노나라 사람은 희를 죽이고 괄을 노나라 임금으로 세웠다.
30) 陵夷(능이) : 점진적으로 쇠락하다. 幽: 西周 마지막 왕으로 기원전 781년에 즉위하였는데, 기원전 771년에 침입한 犬戎 부족에 의해 驪山에서 살해되었다. 厲王 : 西周 10대 왕으로 기원전 858년 즉위하였는데 폭정으로 민심이 이반되어 기원전 842년에 체(彘)(현 山西省 霍縣)로 도망가서 14년 후에 그 곳에서 사망하였다.
31) 王室東徙(왕실동사) : 유왕이 살해되자 아들 平王이 즉위하고 수도를 鎬(현 陝西省 西安 서남)에서 동쪽인 洛邑(현 하남성 洛陽)으로 천도하였다.
32) 厥後(궐후) : 그 후.
33) 問鼎(문정) : 주나라 定王 원년(기원전 606년), 春秋五覇의 한 명인 楚 莊王은 陸渾의 戎(당시 하남성 嵩縣의 소수민족)을 정벌하러 가는 길에 東周의 국경에서 용맹스런 군사훈련을 거행하였다. 周 定王은 大夫 王孫滿을 파견하여 군사를 위로하였다. 초 장왕은 주나라 종묘에 진열한 鼎의 크기와 무게 등을 물었는데 이는 주나라를 빼앗아 대신 들어서려는 야심을 나타낸 것이다. 《左傳 · 宣 三年》에 있다. 鼎 : 九鼎으로, 夏나라 禹임금이 주조하여 夏 · 商 · 周 삼대 정권을 상징하는 나라의 보물이다.
34) 射王中肩(사왕중견) : 주나라 桓王 13년(기원전 707년) 환왕은 鄭國을 토벌하려 하였으나 鄭 莊公이 출병하여 화살로 환공의 어깨를 명중하고, 환왕을 패배시켰다. 《左傳 · 桓公 五年》에 있음.
35) 伐凡伯(벌범백) : 주나라 환왕 4년(기원전 716년) 大臣 凡伯을 魯나라에 외교사절로 파견했는데, 귀국길에 楚丘(현 산동성 曹縣)에서 戎人에게 납치되었다. 《春秋 · 隱公 七年》에 있음. 誅萇弘 : 주나라 敬王 28년(기원전 492년) 晋나라 大臣 趙鞅은 주나라 大夫 萇弘이 그의 정적 范吉射를 지지하였다고 불만을 토로하고, 주나라 왕실을 책문하자 주나라 경왕은 부득이하게 장홍을 죽였다. 《左傳 · 哀公三年》에 있음.

下乖盭,[36] 無君君之心.[37] 余以爲周之喪久矣, 徒建空名於公侯之上耳! 得非諸侯之盛强,[38] 末大不掉之咎歟? 遂判爲十二,[39] 合爲七國,[40] 威分於陪臣之邦,[41] 國殄於後封之秦.[42] 則周之敗端,[43] 其在乎此矣.

秦有天下, 裂都會而爲之郡邑,[44] 廢侯衛而爲之守宰,[45] 據天下之雄圖,[46] 都六合之上游,[47] 攝制四

---

36) 乖盭(괴려) : 관례를 위반하다.
37) 君君(군군) : 군왕을 군왕으로 존경하다. 앞의 "君"자는 동사로 사용.
38) 得非(득비) : 豈不是.
39) 判(판) : 分. 十二 : 춘추시대 魯·齊·晋·秦·楚·鄭·燕·宋·衛·陳·蔡·曺 등 12개 주요 제후국.
40) 七國 : 전국시대 齊·楚·燕·趙·韓·魏·秦 등 7개 나라.
41) 陪臣(배신) : 제후가 천자에게는 "臣"이라 하고 제후의 신하인 大夫는 천자에게는 "陪臣"이라 한다. 배신이 건립한 제후국을 "陪臣之邦"이라 칭한다. 주나라 威烈王 23년(기원전 403년) 晋國의 대부 韓·趙·魏 三家가 晋國을 분할하여 각각 제후국을 세웠다. 주나라 定王 16년(기원전 386년) 제나라 대부 田和는 제후의 지위를 찬탈하여 스스로 제나라 제후가 되었다. 이러한 제후국들은 모두 "陪臣之邦"이라 한다.
42) 殄(진) : 멸절하다. 後封之秦 : 진나라는 西周 시대에는 제후국이 아니다. 주나라 平王이 東遷시 호송하는데 공로를 인정받아 제후로 봉해졌다. 齊·魯 등 서주 초에 封을 받은 나라보다는 많이 늦다.
43) 端(단) : 원인.
44) 都會 : 제후국의 도읍. 郡邑 : 郡縣. 진시황은 기원전 221년 중국을 통일 한 후 전국을 36개 군으로 나누고 중앙에서 관리를 임명하였다.
45) 侯衛(후위) : 천자를 수호하는 제후. 守宰 : 진나라 때 郡의 우두머리는 "守", 縣의 우두머리는 "令" 또는 "宰"라고 칭했다.
46) 據(거) : 점거하다. 雄圖 : 지세가 험준하고 중요한 곳.
47) 都(도) : 동사로 사용되어 도읍으로 정하다. 六合 : 天地와 東·西·南·北 사방, 즉 전국. 上游: 진나라 수도 咸陽은 서북쪽에 위치해 있는데, 六國의 제후국들 보다 지세가 높고 아래를 쳐다보는 것이

海,[48] 運於掌握之內, 此其所以爲得也. 不數載而天下大壞, 其有由矣.[49] 亟役萬人,[50] 暴其威刑, 竭其貨賄.[51] 負鋤梃謫戍之徒,[52] 圜視而合從,[53] 大呼而成羣. 時則有叛人而無叛吏, 人恐於下而吏畏於上, 天下相合, 殺守劫令而並起. 咎在人怨, 非郡邑之制失也.

漢有天下, 矯秦之枉, 徇周之制, 剖海內而立宗子,[54] 封功臣.[55] 數年之間, 奔命扶傷之不暇.[56] 困平城,[57] 病流矢,[58] 陵遲不救者三代.[59] 後乃謀臣獻畫,[60]

마치 강의 상류에 처한 것 같다.

48) 攝制(섭제) : 장악하다. 四海 : 전국.

49) 由(유) : 원인.

50) 亟(기) : 누차. 役(역) : 사역.

51) 貨賂(화뇌) : 재화, 금전.

52) 負(부) : 어깨에 메다. 梃 : 몽둥이. 陳勝과 吳光은 漁陽(현 북경 부근)을 수비하는 900명의 수비병과 몽둥이를 들고 난을 일으킨 것을 말한다.

53) 圜視(환시) : 사방으로 주시하다. 형세를 관찰하는 것을 말함.

54) 宗子(종자) : 같은 조상의 자손. 漢 高祖 劉邦은 중국을 통일 후 자신의 형제와 아들, 조카들에게 分封하여 왕으로 삼았다.

55) 封功臣(봉공신) : 유방이 공신인 韓信과 英布 등에게 분봉하여 왕으로 삼다.

56) 奔命扶傷(분명부상) : 한나라 초기 분봉 받은 제후왕들이 부단히 반란을 일으키자, 군대가 즉시 출동하여 죽은 사람을 구하고 다친 사람을 도우면서 반란을 진압하였다.

57) 困平城(곤평성) : 한 고조 7년 (기원전 200년) 유방은 흉노에 투항한 韓王 信을 토벌하였는데 평성(현 山西省 大同)에서 흉노에게 7일간 포위되었다.

58) 病流失(병유실) : 한 고조 12년(기원전 195년) 淮南王 英布가 반란을 일으키자 유방이 진압하였는데, 빗나간 화살에 맞아 부상을 입

而離削自守矣.[61] 然而封建之始, 郡邑居半, 時則有叛國而無叛郡. 秦制之得, 亦以明矣. 繼漢而帝者, 雖百代可知也.

唐興, 制州邑,[62] 立守宰, 此其所以爲宜也. 然猶桀猾時起,[63] 虐害方域者,[64] 失不在於州而在於兵,[65] 時則有叛將而無叛州. 州縣之設, 固不可革也.

或者曰: "封建者, 必私其土, 子其人,[66] 適其俗, 修其理, 施化易也. 守宰者, 苟其心,[67] 思遷其秩而已,[68] 何能理乎?" 余又非之. 周之事跡, 斷可見矣.[69]

어서 죽었다.

59) 陵遲(능지) : 점진적으로 쇠락하다. 不求 : 不振. 三代 : 한 고조 이후의 惠帝 劉盈 · 文帝 劉恒과 景帝 劉啓. 혜제 · 문제 · 경제 3대에 제후왕들이 반란을 꾀하고 조정의 명령을 받아들이지 않았다.

60) 謀臣獻畫(모신헌화) : 가의(賈誼)는 문제에게 제후국을 몇 개의 소국으로 분할하는 것을 주요 내용으로 하는 계책을 올렸다. 조착(鼂錯)은 景帝에게 계책을 올려 吳 · 楚 등 7개 封地 삭감을 주장하였다. 主父偃은 武帝에게 계책을 올려 각각의 제후왕들이 자기의 아들에게 分封하게 하여 제후국의 세력을 분산하게 하였다.

61) 自守(자수) : 제후국들이 分封하여 반란을 일으킬 수 없게 될 때 국토를 보전하고 스스로 지킬 수 있다.

62) 制(제) : 설치하다. 州邑(주읍) : 州縣, 당나라 때 郡을 州로 바꾸었다.

63) 桀猾(걸활) : 흉악하고 교활한 무리. 이곳에서는 당나라 중기 반란을 일으킨 藩鎭.

64) 方域(방역) : 州와 縣.

65) 兵(병) : 지방에 있는 번진 소유의 강력한 군대.

66) 子其人(자기인) : 子其民. 백성을 자기의 자식같이 보호하다.

67) 苟(구) : 되는대로 살아가다.

68) 遷(천) : 升官. 秩: 官階, 品階.

列侯驕盈, 黷貨事戎.[70] 大凡亂國多, 理國寡. 侯伯不得變其政,[71] 天子不得變其君. 私土子人者, 百不有一. 失在於制, 不在於政, 周事然也.[72] 秦之事跡, 亦斷可見矣. 有理人之制, 而不委郡邑, 是矣; 有理人之臣,[73] 而不使守宰,[74] 是矣. 郡邑不得正其制,[75] 守宰不得行其理,[76] 酷刑苦役, 而萬人側目.[77] 失在於政, 不在於制. 秦事然也. 漢興, 天子之政行於郡, 不行於國;[78] 制其守宰, 不制其侯王. 侯王雖亂, 不可變也; 國人雖病, 不可除也. 及夫大逆不道,[79] 然後掩捕而遷之,[80] 勒兵而夷之耳.[81] 大逆未彰,[82] 姦利浚財,[83] 怙勢作威,[84] 大刻於民者,[85] 無

---

69) 斷(단) : 확실히.
70) 黷貨(독화) : 貪財. 事戎: 從事戰爭, 즉 好戰.
71) 侯伯(후백) : 제후의 領袖. 위에서 언급한 方伯과 連帥.
72) 然(연) : 如此.
73) 理人(이인) : 治民.
74) 不使守宰(불사수재) : 군수와 현령으로 하여금 독단으로 專行하지 못하게 하다.
75) 正(정) : 糾正.
76) 行其理 : 자신의 정치주장을 추진하다.
77) 側目(측목) : 분노하다.
78) 國 : 漢나라 초기 分封한 왕국.
79) 及夫(급부) : 때에는, 때에 이르러. 大逆不道 : 제후왕이 반란을 일으키다.
80) 遷(천) : 貶謫.
81) 勒兵(늑병) : 군대를 통솔하다. 夷: 평정하다.

如之何. 及夫郡邑, 可謂理且安矣. 何以言之? 且漢知孟舒於田叔,[86] 得魏尙於馮唐,[87] 聞黃霸之明審,[88] 覩汲黯之簡靖,[89] 拜之可也,[90] 復其位可也, 臥而委之以輯一方可也. 有罪得以黜, 有能得以賞. 朝拜而不道,[91] 夕斥之矣; 夕受而不法, 朝斥之矣. 設使漢室盡城邑而侯王之, 縱令其亂人,[92] 戚之而

---

82) 彰(창) : 밝히다.
83) 姦利(간리) : 불법으로 이익을 꾀하다. 浚(준) : 수탈하다.
84) 怙(호) : 의지하다.
85) 刻(각) : 가혹하다.
86) 知孟舒於田叔 : 漢 文帝 즉위 후 漢中郡 太守 전숙(田叔)에게 덕이 있는 사람을 추천받았는데 곧 한 고조 때 면직당한 雲中郡 太守 맹서(孟舒)였다. 文帝는 맹서를 운중 태수로 다시 기용했다.《史記 · 田叔列傳》에 있음.
87) 得魏尙於馮唐(득위상어풍당) : 위상(魏尙)은 한 문제 때 운중 태수를 역임했다. 흉노족과 싸움에서 많은 전공을 세웠으나 전공을 과하게 상부에 보고했기에 면직되었다. 풍당은 한 문제에게 그를 대신하여 공로를 잘 설명하여 위상이 복직되었다.《史記 · 張釋之馮唐列傳》에서 보임.
88) 聞黃霸之明審(문황패지명심) : 黃霸, 자는 次公, 淮陽陽夏(현 하남성 太康)사람. 한 宣帝 때 영천(潁川) 태수로 임명되어 정치를 잘하여 후에 승상이 되었다. 明審 : 明察.
89) 睹汲黯之簡靖(도급암지간정) : 급암 자는 長孺, 濮陽(하남성 복양)사람으로 한 무제 때 東海郡 태수로 백성들에게 신임을 받았다. 후에 한 무제는 그를 淮陽郡 태수로 발령을 내었는데 병을 핑계로 사양하자, 무제가 그에게 말하기를: "회양 관리와 백성들 관계가 안좋아서 너의 명망을 빌리려고 하니 병이 있어도 상관없다. 누워서 다스려도 된다."《史記 · 汲黯列傳》에 있음. 簡靖(간정) : 간결하고 고요하다.
90) 拜(배) : 임명하다.
91) 不道 : 조정의 의도대로 일을 행하지 않다.
92) 縱令(종령) : 설사 …하더라도. 其 : 제후왕. 亂人 : 백성에게 난을

已.[93] 孟舒、魏尚之術, 莫得而施; 黃霸、汲黯之化, 莫得而行. 明譴而導之,[94] 拜受而退已違矣. 下令而削之, 締交合從之謀, 周於同列,[95] 則相顧裂眦,[96] 勃然而起.[97] 幸而不起, 則削其半. 削其半, 民猶瘁矣,[98] 曷若擧而移之以全其人乎?[99] 漢事然也. 今國家盡制郡邑, 連置守宰,[100] 其不可變也固矣. 善制兵, 謹擇守, 則理平矣.

或者又曰: "夏、商、周、漢封建而延,[101] 秦郡邑而促."[102] 尤非所謂知理者也. 魏之承漢也, 封爵猶建. 晉之承魏也, 因循不革. 而二姓陵替,[103] 不聞延祚.[104] 今矯而變之, 垂二百祀,[105] 大業彌固,[106] 何繫

일으키다.

93) 戚(척) : 걱정하다.

94) 明譴(명견) : 공개적으로 꾸짖다. 導 : 권유하다. 설득하다.

95) 周(주) : 널리 퍼져 있다.

96) 裂眦(열자) : 눈을 흘기다. 몹시 화내는 모양.

97) 勃然(발연) : 성내는 모양. 起 : 반란을 일으키다.

98) 瘁(췌) : 고달프다.

99) 曷若(갈약) : 何如. 擧 : 전부. 移 : 변동하다. 취소하다. 폐지하다.

100) 連(연) : 부단히.

101) 延(연) : 계속하다. 통치기간이 장구하다.

102) 促(촉) : 짧다. 통치기간이 짧다.

103) 二姓 : 魏나라를 건립한 曹氏와 西晋의 司馬氏. 위나라는 5代 46년 만에 멸망하였고, 서진은 4대 52년 만에 멸망하였다. 陵替(능체) : 계속하여 쇠락하다.

104) 祚(조) : 帝位.

105) 垂(수) : 거의, …에 가깝다. 祀 : 年.

106) 彌(미) : 더욱.

於諸侯哉?

或者又以爲: “殷、周, 聖王也, 而不革其制, 固不當復議也.” 是大不然. 夫殷、周之不革者, 是不得已也. 蓋以諸侯歸殷者三千焉, 資以黜夏,[107] 湯不得而廢; 歸周者八百焉, 資以勝殷, 武王不得而易. 徇之以爲安, 仍之以爲俗, 湯、武之所不得已也. 夫不得已, 非公之大者也, 私其力於己也. 私其衛於子孫也. 秦之所以革之者, 其爲制, 公之大者也; 其情,[108] 私也, 私其一己之威也,[109] 私其盡臣畜於我也. 然而公天下之端自秦始.

夫天下之道, 理安, 斯得人者也. 使賢者居上, 不肖者居下, 而後可以理安. 今夫封建者, 繼世而理.[110] 繼世而理者, 上果賢乎? 下果不肖乎? 則生人之理亂未可知也. 將欲利其社稷,[111] 以一其人之視聽,[112] 則又有世大夫世食祿邑, 以盡其封略.[113] 聖賢生於其

---

107) 資(자) : 빙자하다. 黜夏(출하) : 하왕조를 멸망시키다.
108) 情(정) : 동기.
109) 一己之威(일기지위) : 황제 개인의 권위.
110) 繼世(계세) : 一代가 일대를 계승하다.
111) 將(장) : 만약. 其 : 제후.
112) 一 : 통일. 視聽(시청) : 見聞. 이곳에서는 사상과 의지를 나타냄.
113) 封略(봉략) : 封界, 국토.

時，亦無以立於天下,[114] 封建者爲之也. 豈聖人之制使至於是乎? 吾固曰: "非聖人之意也, 勢也."

◈ 봉건론 번역

天地에 과연 원시 단계가 없었는가? 나는 알 방법이 없다. 인류는 과연 원시단계가 있었는가? 나는 알 수가 없다. 그러면 어떤 견해가 실제상황에 가까운가? 원시 단계가 있었다는 견해가 실제상황에 가깝다고 나는 생각한다. 무엇으로 그것을 증명할 수 있는가? 봉건제로부터 증명할 수 있다. 이 봉건제는 옛 현명한 王인 堯임금 · 舜임금 · 禹임금 · 湯임금 · 文王 · 武王을 거치면서 모두 폐지할 수 없었다. 결코 폐지하고 싶지 않아서가 아니고 형세가 허락하지 않았다. 그러한 형세가 형성된 것은 아마 인류의 원시단계일 것이다. 원시단계가 아니라면 봉건제는 없었을 것이다. 봉건제 생성은 성인의 본의는 아니다.

인류는 원시단계에서는 만물과 같이 의존적이다. 초목이 빽빽하게 자라고 야생동물이 무리를 지어 뛰어다녔다. 그런데 인류는 야생동물처럼 덤벼들거나 물어뜯지도 못하고, 깃털 없이 추위를 이길 수 없으며, 스스로 돌보고 방어할 수 없었다. 荀卿이 말한 대로 "반드시 사물을 빌려 이용해야 하는

114) 立 : 수립.

존재"이었다. 사물을 빌리면 반드시 다투게 되고 다툼이 그치지 않으면 반드시 시비를 판단할 수 있는 사람을 찾아가서 그의 명령을 따랐다. 지혜롭고 사리에 밝은 사람은 그를 따르는 사람이 많았다. 정확한 도리를 그들에게 알려주었는데 만약 고치지 않으면 고통을 주어 두렵게 하였다. 이렇게 하여 통치자와 형법과 政令이 생겨났다. 가까운 곳의 사람들이 모여 집단을 이루었고 많은 집단으로 나뉜 뒤에 다툼의 규모는 커졌으며 다툼의 규모가 커지자 무력진압과 恩德의 위로가 필요했다. 후에 또 큰 의견 충돌이 있어 여러 집단의 우두머리들이 더 센 우두머리에 모여들어 그 명령을 따름으로써 그의 부하를 안정시켰다. 이에 여러 제후들이 형성되었고 그들 간의 투쟁규모는 더욱 커졌다. 그리고 덕망과 위세가 더 큰 이에게 여러 제후들이 가서 명령을 따름으로써 자신의 영역을 안정시켰다. 이에 方伯·連帥 등이 출현했다. 그리고 그들의 투쟁규모는 더 커졌다. 이후에 또 方伯·連帥 보다 높은 덕망과 위엄을 더 지닌 이가 나타나 방백과 연수들이 그에게 가 명령을 따르고, 이것으로써 자신의 백성들을 안정시켰다. 그런 연후에 천하는 하나의 천자에게 통일되었다. 그런 까닭에 먼저 마을에 이서(里胥)가 있고, 그 위에 縣大夫가 있다. 현대부가 있고 나서 諸侯가 있다. 제후가 있고 나서 방백·연수가 있고 그 후에 천자가 있다. 천자로부터 이서에 이르기까지 백성에게 덕을 베푼 이가 죽은 후에도 사람들은 그의 후손을 찾고, 그를 우두머리로 받들었다. 그러므로 봉건제의 생성은 성인의 본의가 아니고 형세가 발전한 것이다.

요임금·순임금·우임금·탕임금의 사적은 먼 옛날의 일이고 周나라의 상황에 대하여 매우 상세하다. 주나라는 천하를 차지한 후 박을 자르듯이 전국 토지를 분할하여 公·侯·伯·子·男 다섯 등급의 작위를 설립하여 많은 제후들에게 分封하였다. 모여서 천자를 알현하고 분산해서는 국토를 수호하는 힘이 있는 신하가 되었다. 이러한 제후는 뭇별이 온 천하에 퍼진 것 같고 수레바퀴가 회전할 때 수레바퀴 통에 바퀴살이 모여드는 것 같이 천자의 주위를 둘러쌓다. 그러나 夷王에 이르러 조정의 예절은 깨지고 천자의 존엄은 손상되어 천자인 夷王이 대청 아래까지 내려와서 제후를 맞이하였다. 宣王 때에 이르러 비록 周室을 부흥하려는 덕망에 의지하여 남북으로 정벌하는 위세를 떨쳤으나 오히려 결국 魯나라의 후사(後嗣)를 결정할 수 없었다. 이렇게 점진적으로 쇠락하여 幽王은 피살되고, 厲王은 추출되어 왕실은 洛邑으로 東遷하여 자연히 제후와 같은 지위로 내려갔다. 그 후에 구정(九鼎)의 무게를 물어 천자의 지위를 노리는 자도 있었으며, 천자의 어깨를 쏘아 명중한 자도 있었다. 주나라 대신 凡伯을 납치한 자와 장홍(萇弘)을 죽인 사건도 있었다. 천하가 어지러워져 천자를 천자로 존경하는 마음은 없어졌다. 주나라 왕조의 권위는 상실한지 오래되었고 단지 제후 위에 천자의 虛名만 보존 되었을 뿐이다. 이것은 제후가 너무 강성하고 상부인 조정이 약해 그들을 지휘하지 못한 잘못이 아니겠는가? 마침내 열 두 개의 제후국으로 나뉘었다가 또 일곱 제후국으로 합병되었으니 천자의 권위는 대부들이 세운 나라에 나누어지고 주왕조는 후에 봉해진 秦에게 망하였다. 그런즉 주나라 패망의 원인은 여기 봉분제를 실행하는데 있었다.

秦이 천하를 통일한 후 제후국을 분할하여 郡縣을 설치하였고 제후를 폐하고 郡과 縣의 우두머리인 지방 관리를 임명하였다. 천하의 형세가 험한 곳을 차지하고 전국에서 지대가 높은 咸陽에 수도를 정해 전국을 통제하고 중앙에서 전국의 형세를 장악하였다. 이것이 秦나라가 시행한 것이었다. 그러나 몇 년이 지나지 않아 천하가 많이 혼란하였는데 그곳에는 원인이 있었다. 누차 수많은 백성을 동원하여 노역시키고 엄한 형벌을 남용하며 국가의 재력을 소진했기 때문이다. 호미와 몽둥이를 메고 변경으로 내몰리는 무리였던 陳勝·吳光들은 서로 눈짓하여 연합해서는 큰 소리로 외쳐대며 집단을 이루었다. 당시에는 반역하는 백성은 있어도 반역하는 관리는 없었다. 백성들은 아래에서 진왕조를 원망하고 관리들은 조정을 두려워했으므로 반역한 사람들은 천하 곳곳에서 합세하여 군수를 죽이고 현령을 구속하는 일이 각지에서 동시에 일어났다. 진 왕조의 잘못은 백성들의 원망을 산 것에 있지 郡縣制가 잘못된 것은 아니었다.

漢이 천하를 얻은 뒤 秦의 잘못을 바로잡기 위하여 周의 分封制를 답습하여 국토를 황실의 자제와 功臣에게 分封하고 왕에 봉하였다. 그 결과 몇 년이 지나지 않아서 조정은 제후왕의 반란을 평정하고 그 와중에 다친 사람을 구하기 위해 숨 돌릴 새도 없었다. 漢 高祖는 흉노에 투항한 韓王 信을 토벌하려다가 平城에서 포위되어 곤경을 당하고, 또 淮南王 英布의 반란을 진압할 때 화살에 맞아 병사하는 등 점진적인 쇠락은 惠帝·文帝·景帝 三代가 지나도록 만회하지 못했다. 후에 賈誼를 비롯한 중신들이 정책을 바쳐, 제후들의 세력을 분산 약화시켜 그들이 자기 지역만을 지켜 반란하지 못하게 하였다. 그러나 한나라가 봉건제를 시작할 때 郡縣은 전국의 반을 차지하였는데 당시에 반역하는 제후국은 있어도 반란하는 군현은 없었다. 秦의 군현제가 옳았음은 이로써 증명된다. 漢 이후의 황제들은 百代가 지나도 그런 사실을 알 수 있을 것이다.

唐나라가 일어나 州縣을 설치하고 그 책임자를 임명하였는데 이는 마땅한 것이었다. 그러나 여전히 포악하고 교활한 藩鎭들이 수시로 반란을 일으켜 州와 縣을 해쳤다. 그 잘못은 州縣을 설치한 것에 있지 않고 번진이 군대를 소유하고 割據하는데 있다. 당시에 반역하는 번진장수는 있어도 반역하는 주현의 책임자는 없었다. 주현을 설치한 제도는 실로 바꾸어서는 안된다.

어떤 사람이 말하기를: "분봉한 제후는 그 땅을 자기의 땅으로 여겨 최선을 다해 통치를 한다. 그래서 자기 자식처럼 백성을 보호하고 현지의 풍속에 순응하고 그의 封國을 다스린다. 그리하여 교화를 행하는 것이 비교적 쉽다. 그러나 군현제에서의 주현 장관은 되는대로 지내면서 승진만을 생각할 뿐이니 어떻게 잘 다스릴 수 있겠는가?" 나는 또 그 의견도 틀렸다고 생각한다. 周의 事跡은 확실하게 문제점을 보여준다. 제후들은 몹시도 교만하고 재물을 탐내며 전쟁을 좋아했으니, 대체로 어지러운 제후국은 많고 정치가 안정된 제후국은 드물었다. 方伯과 連帥들은 제후국의 그 혼란한 정치를 변화시킬 수 없었으며, 천자도 그 제후를 교체할 수 없었다. 그 땅을 자기 땅처럼 여기고 백성을 자식처럼 대하는 이는 백 사람 중에 하나도 없었다. 잘못은 제도에 있지 施政에 있지 않다. 周나라 때가 그러하였다. 秦의 사적에서도 분명하게 알 수 있다. 조정은 백성을 통치하는 제도가 있어 군현이 독자적인 방법을 취하지 못하게 하였는데 이것은 옳게 하는 것이다. 民政을 전담하는 大臣이 있어 군수와 현령이 독단으로 전횡하지 못하게 하였다. 이것은 옳은 것이다. 군현에서는 그 법령제도를 바로 바꿀 수 없고 지방관은 중앙 政令을 어기고 본인의 정치주장을 하지 못했다. 그러나 잔혹한 형벌과 고통스러운 勞役이 시행되어 만인들의 원한을 일으켰다. 잘못은 정치적 조치에 있는 것이지 군현제 실행에 있지 않다. 秦나라의 때가 그러하였다. 漢왕조가 일어나 천자의 政令은 郡縣에서 시행되고 제후국에서 시행되지 않았다. 조정은 군현의 관리를 통제하였지만 제후들을 통제하지 못했다. 제후들이 법을 어지럽혀도 그 지위를 바꿀 수 없었으며 제후국의 백성이 고통을 당하여도 없앨 수 없었다. 반란을 일으킨 후에 급습하여 체포해 유배를 보내고 出兵하여 평정할 뿐 이었다. 그들의 대규모 반란이 드러나지 않은 상태에서는 비록 불법으로 이득을 꾀하고 재물을 수탈하며, 세력에 의지하며 위세를 부리며 백성에게 가혹하게 하여도 어쩔 수가 없었다. 그러나 군현제가 실행하는 지역에서는 통치되고 안정되었다고 할 수 있다. 무슨 근거로 그렇게 말하는가? 漢 文帝는 田叔을 통해 孟舒의 훌륭함을 알았으며 풍당(馮唐)을 통해 魏尙의 功過를 알고서 재임용했다. 漢 宣帝는 黃覇의 명철하게 일처리하는 것을 들었고, 漢 武帝는 급암(汲黯)의 간결한 통치와 安民정책을 보았다. 이들은 낮은 관직에 있는 이를 임명해도 되고, 파면된 이를 복직시켜도, 늙어 병이 있으면 침대에 누워서도 한 지방을 수습하라고 맡길 수 있었다. 죄를 지으면 쫓아낼 수 있고 능력이 있으면 상을 내릴 수 있었다. 아침에 임명했어도 조정의 의도대로 일을 하지 않으면 저녁에 쫓아내고, 저녁에 임명했어도 불법을 행하면 아침에 쫓아낼 수 있었다. 가령 한 왕실이 모든 郡縣을 제후에게 分封해서 그들이 백성에게 난을 일으켰다 해도 조정은 걱정하는 수밖에 없다. 그 때 비록 맹서(孟舒) · 魏尙의 통치방법이 있어도 실시할 수 없다. 비록 황패(黃覇) · 급암(汲黯)의 교화가 있어도 널리 시행할 수 없다. 공개적으로 꾸짖고 권유하면 엎드려 받아들였다가 물러나서 곧 바로 위반하였다. 공개적으로 명령을 내려 封地를 삭감하면 그들은 결탁하여 같이 반항을 도모하였고, 서로 바라보며 성난 눈빛으로 불현듯 반란을 일으켰다. 다행히 반란을 일으키지 않는다고 해도 그들 封地의 반을 삭

감할 뿐이었다. 만약 봉지를 반으로 삭감하면 백성들은 더욱 고달플 것이다. 어찌 제후왕을 모두 폐지하여 그곳의 백성을 보호하지 않는가? 漢나라의 상황이 이러하였다. 전국에 모두 군현제를 실시하고 군수와 현령을 두는 제도는 바꿀 수 없음이 분명하다. 군대를 잘 통제하고 군현의 관리를 신중히 선임한다면 국가는 태평하게 다스릴 수 있다.

어떤 사람이 또 말하기를: "夏 · 商 · 周 · 漢은 봉건제를 실행하여 통치기간이 길어졌지만 秦은 군현제를 실행하여 단명하였다"라고 했다. 이 논조는 더욱 국가 다스리는 것을 모르는 사람의 말이다. 魏나라는 漢나라를 계승하면서 봉건제를 채택했다. 晋나라는 魏나라의 뒤를 이으며 그 제도를 답습하고 고치지 않았다. 그러나 위나라 曺氏와 진나라 司馬氏는 모두 쇠락하였고 그들이 국운을 지속했다는 말을 들은 적이 없다. 지금 본봉제를 바꿔 군현제를 시행한 지 거의 이백년이 되었는데 국가 대업은 더욱 공고하다. 이것이 分封 제후와 무슨 관계가 있겠는가?

어떤 사람이 또 말하기를: "商湯과 周武王은 聖王이나 그들이 分封制를 바꾸지 않았으니 그 문제를 다시 논의하지 않음이 진정 마땅하다"고. 이런 논리는 많이 틀렸다. 은·주 때에 바꾸지 않은 것은 부득이 해서였다. 제후로 殷에 귀순한 자가 삼천 명이나 되었고 그들에 의존하여 夏왕조를 멸망시켰으니 湯임금은 제후 제도를 폐지할 수 없었다. 또 周나라 건국 초기에 800여 명 제후가 귀순하였는데 그들에 의존하여

殷나라에게 승리하였으니 武王은 그 제도를 바꿀 수 없었다. 옛 제도를 이어받아 안정을 구할 수 있고 옛 방법을 답습하여 습속에 적응할 수 있었다. 그것은 탕왕과 무왕이 부득이하여 그렇게 한 것이다. 부득이한 방법은 大公無私에서 나온 것이 아니다. 자신을 위하여 그들의 힘을 사적으로 사용한 것이며 사적으로 사용하여 자손을 보호하려 한 것이다. 秦나라가 봉분제를 폐지하고 군현제를 실행한 것은 그 제도가 가장 큰 公道이기 때문이다. 그러나 그 동기는 私心에서 나왔다. 황제 개인이 권위를 수립하여 천하 사람들이 모두 자기에게 복종하기를 원해서 이다. 그러나 천하를 위한 公道의 발단은 秦에서 시작된 것이다.

천하의 常道에 의하면 안정된 통치, 그것이 민심을 얻을 수 있는 것이다. 현명한 이를 윗자리에 앉히고 어리석은 이를 아랫자리에 둔 이후에 국가를 잘 다스릴 수 있다. 지금 봉건제는 대대로 세습하여 통치하는 방식이다. 세습하여 대대로 통치할 때 윗사람이 과연 현명한 사람인가? 아랫사람이 과연 어리석은 사람들인가? 그러니 세습제로 백성들이 태평한 지, 혼란스러운지 알 수 없다. 만약 제후가 자기의 나라에 이로운 일을 하여 백성의 생각을 통일시키려고 해도 역시 세습하는 大夫들이 각자 封地를 가지고 있어, 제후국의 토지를 다 차지할 것이다. 만약 聖賢이 이 때에 살아도 천하에 功業을 세울 방법이 없다. 이것은 봉건제가 그렇게 만드는 것이다. 설마 성인이 세운 봉건제가 이러한 결과를 만들려고 한 것이냐?

나는 진실로 말할 수 있다. "봉건제는 성인의 본의가 아니고 당시의 형세에 따른 것이다."

◈ 작품 감상 및 분석

〈封建論〉은 유종원 작품 중 걸출한 政論文으로 관점이 선명하고 옛것을 빌려 현재를 풍자한 것으로 唐나라 중기 이후 잠재적인 정치위기를 암시하고 현명한 사람을 등용하여 체재를 개량하여 정권과 안정적인 사회를 공고하고자 하는 의미가 내포되어 있다.

문장의 중심 논제는 봉건제의 존폐 및 군현제와의 우열을 비교하였다. 당시의 현실문제와 연결시켜 내린 결론은 곧 "어진 자는 높은 자리에 있고, 현명하지 않은 사람은 낮은 자리에 있어야 국가가 다스려진다." (使賢者居上, 不肖者居下, 而後可以理安)는 것이다.

먼저 봉건제의 생성과 발전부터 언급하였는데 곧 "天地에 과연 원시 상태가 없었겠는가?" (天地果無初乎)에서 "봉건제는 성인의 본의가 아니고, 당시의 형세에 따른 것이다." (非聖人之意也, 勢也)로 함축 될 수 있다. 그러므로 백성의 의지와 바램은 역사 발전 가운데 중요한 역할을 하는데 "백성의지"(生人之意)"와 대립되는 성인의 뜻(聖人之意)이 역사발전 중에서 결정적인 역할을 할 수 없었던 것을 비판한 것이다.

문장에서 "封建" 단어는 周나라 때 "나라의 땅을 封하고 제후를 세우는 (建)" 分封制를 가리키는 것이다. 또 "生人"은 生民, 곧 人民인데 작가는 唐太宗 世民의 諱字 때문에 "民" 자 대신에 "人"을 사용하였다. 또한 이곳에서의 "勢"는 객관적인 형세나 규율이 아니고 많은 사람들이 바람으로 조성된 추세인 것이다. 곧 "勢"의 기초는 "生人之意"인 것이다.

그는 分封制에서 郡縣制로 간 것은 진보이나, 漢나라와 당나라가 分封制를 실행한 것은 후퇴라고 여겼다. 그는 堯 · 舜의 시대 역사의 발전은 성인의 의지대로 움직이지 않아 성인은 "所不得已"이라고 하였다.

본문은 天 · 地 · 生民을 논술하고 周나라부터 唐나라까지 2000 년간의 흥망성쇠를 기술하였고 간단하게 각 조대의 특질을 서술하였으며, 군현제의 장점을 핵심적으로 표현하였다. 秦나라는 "반역하는 백성은 있어도 반역하는 관리는 없었고" (有叛人而無叛吏), 漢나라는 "반역하는 제후국은 있어도 반란하는 군현은 없었으며" (有叛國而無叛郡), 唐나라는 "반역하는 번진 장수는 있어도 반역하는 주현의 책임자는 없다" (有叛將而無叛州)고 하여 역사적 사실 및 논점이 가장 분명하고 언어가 간결하면서도 본질만을 언급하였다.

時令論(上)

《呂氏春秋》十二紀,[1] 漢儒論以爲〈月令〉[2], 措諸《禮》以爲大法焉.[3] 其言有十二月七十有二候,[4] 迎日步氣,[5] 以追寒暑之序,[6] 類其物宜而逆爲之備,[7] 聖人之作也. 然而聖人之道, 不窮異以爲神, 不引天以爲高, 利於人, 備於事, 如斯而已矣. 觀〈月令〉之說, 苟以合五事,[8] 配五行, 而施其政令,

---

1) 《呂氏春秋》: 전국시대 말기 秦나라 呂不韋가 門客들과 공동으로 편찬하였는데, 전서는 26권으로 8覽, 6論, 12紀로 나누고 모두 160이다. 이 책은 제자백가를 융합하여서 내용이 잡다하여 雜家라고 칭하기도 한다.
2) 論(논) : 편집.
3) 措諸《禮》: 〈月令〉을 《禮記》에 두다. 諸(제) : 之於의 축약형.
4) 其言 : 〈月令〉의 내용.
5) 迎(영) : 헤아리다. 步 : 추산하다. 氣 : 節氣.
6) 追(박) : 순응하다.
7) 逆(역) : 미리. 備 : 준비하다.

離聖人之道, 不亦遠乎?

凡政令之作, 有俟時而行之者,[9] 有不俟時而行之者. 是故孟春修封疆,[10] 端徑術,[11] 相土宜, 無聚大衆. 季春利隄防, 達溝瀆,[12] 止田獵,[13] 備蠶器, 合牛馬,[14] 百工無悖於時.[15] 孟夏無起土功,[16] 無發大衆,[17] 勸農勉人. 仲夏班馬政,[18] 聚百藥. 季夏行水殺草,[19] 糞田疇,[20] 美土疆, 土功、兵事不作. 孟秋納材葦. 仲秋勸人種麥. 季秋休百工, 人皆入室, 具衣裘; 擧五穀之要,[21] 合秩芻,[22] 養犧牲;[23] 趨人收

---

8) 以合(이합) : 以之合의 생략형으로, 절기로 배합하다. 五事 : 사람의 5가지 활동으로 얼굴모양 · 말 · 보는 것 · 듣는 것 · 생각하는 것 등 사람의 각종 활동을 지칭한다.
9) 俟(사) : 기다리다.
10) 孟春(맹춘) : 초봄. 修 : 수리하다. 封疆(봉강) : 논밭의 경계.
11) 端(단) : 바로잡다. 徑術(경술) : 작은 길과 도랑.
12) 達(달) : 통하게 하다. 溝瀆(구독) : 도랑.
13) 田獵(전렵) : 수렵을 하다. 田 : 수렵할 때 쓰는 도구.
14) 合(합) : 교배하다.
15) 悖(패) : 위배하다. 어그러지다.
16) 無起土功(무기토공) : 토목건축 공사 일을 하지 말라.
17) 發(발) : 징발하다. 부려먹다.
18) 班(반) : 頒. 여기서는 시행하다. 馬政(마정) : 정부가 官用 말을 기르고 훈련시키고 구입하는 등의 관리제도.
19) 行水殺草(행수살초) : 물을 관개하고, 잡초를 베어서 들에 불을 질러 비료를 삼아 땅을 비옥하게 하다.
20) 糞(분) : 비료를 주다. 疇(주) : 밭.
21) 擧(거) : 처리하다. 要 : 중요한 일. 양식 생산량을 자세히 대조하고 세금 낼 일을 가리킨다.

斂,[24] 務蓄菜, 伐薪爲炭. 孟冬築城郭, 穿竇窖,[25] 修囷倉,[26] 謹蓋藏,[27] 勞農以休息之,[28] 收水澤之賦. 仲冬伐木, 取竹箭. 季冬講武,[29] 習射御;[30] 出五穀種,[31] 計耦耕,[32] 具田器;[33] 合諸侯,[34] 制百縣輕重之法,[35] 貢職之數.[36] 斯固俟時而行之, 所謂敬授人時者也. 其餘郊廟百祀,[37] 亦古之遺典, 不可以廢.

誠使古之爲政者,[38] 非春無以布德和令,[39] 行慶施惠, 養幼少, 省囹圄, 賜貧窮, 禮賢者; 非夏無以

---

22) 合 : 집합하다. 수집하다. 秩(질) : 관습대로. 芻(추) : 꼴, 건초.
23) 犧牲(희생) : 제사용의 소, 양들의 가축.
24) 趨(추) : 促.
25) 穿(천) : 땅을 파다. 竇(두) : 원형의 움. 窖(교) : 사각형의 움.
26) 囷倉(균창) : 양식 창고. 囷(균) : 원형의 창고. 倉(창) : 사각형의 창고.
27) 謹蓋藏(근개장) : 월동하는 각종 물자를 잘 보관하다.
28) 勞(노) : 위로하다.
29) 講武(강무) : 무예를 연마하다.
30) 習(습) : 연습하다. 익히다.
31) 出 : 選出하다. 골라내다. 種(종) : 종자.
32) 計(계) : 계획하다. 준비하다. 耦耕(우경) : 밭을 갈다.
33) 具田器(구전기) : 농기구를 준비하다.
34) 合 : 소집하다.
35) 制百縣輕重之法(제백현경중지법) : 각 지방의 납세 등을 논한 법을 제정하다.
36) 貢職之數(공직지수) : 공물을 바치고 부역하는 숫자.
37) 郊廟百祀(교묘백사) : 각종 제사활동. 郊 : 천지에 제사지내는 것. 廟 : 조상에게 제사지내는 것.
38) 誠使(성사) : 만약 … 한다면.
39) 布(포) : 發布하다. 하달하다. 德和令(덕화령) : 덕이 있고 너그러운 政令.

贊傑俊,[40] 遂賢良,[41] 擧長大, 行爵出祿,[42] 斷薄刑,[43] 決小罪,[44] 節嗜欲, 靜百官; 非秋無以選士勵兵, 任有功, 誅暴慢, 明好惡, 修法制, 養衰老, 申嚴百刑,[45] 斬殺必當; 非冬無以賞死事, 恤孤寡, 擧阿黨, 易關市,[46] 來商旅, 審門閭,[47] 正貴戚近習, 罷官之無事者, 去器之無用者. 則其闕政亦以繁矣. 斯固不俟時而行之者也. 變天之道, 絶地之理, 亂人之紀, 舍孟春則可以有事乎? 作淫巧以蕩上心,[48] 舍季春則可以爲之者乎? 夫如是, 內不可以納於君心, 外不可以施於人事, 勿書之可也.

又曰: "反時令,[49] 則有飄風、暴雨、霜雪、水潦、[50] 大旱、沉陰、氛霧、寒暖之氣, 大疫、風欬、[51] 鼽嚔、[52]

---

40) 贊傑俊(찬걸준) : 재능이 출중한 사람을 칭찬하다.
41) 遂(수) : 천거하다.
42) 行爵出祿(행작출록) : 작위를 封하고 월급을 정하다.
43) 斷薄刑(단박형) : 경미한 사건을 판결하다.
44) 決(결) : 처리하다.
45) 申(신) : 거듭하다.
46) 易關市(이관세) : 관세를 경감하다.
47) 門閭(문려) : 궁문 출입.
48) 淫(음) : 과분하다. 蕩(탕) : 동요하다.
49) 反(반) : 위반하다.
50) 水潦(수료) : 침수.
51) 風欬(풍해) : 심한 감기와 기침.
52) 鼽嚔(구체) : 재채기.

虐寒、[53] 疥癘之疾, 螟蝗、[54] 五穀瓜瓠果實不成、蓬蒿、[55] 藜莠并興之異,[56] 女災、胎夭傷、水火之訛, 寇戎來入相掠、兵革并起、道路不通、邊境不寧、土地分裂、四鄙入堡、流亡遷徙之變." 若是者, 特瞽史之語,[57] 非出於聖人者也. 然則夏后、[58] 周公之典逸矣.[59]

◈ 시령론(상) 번역

《呂氏春秋》에는 〈十二紀〉가 있는데 每紀의 처음에 1년 12개월의 절기와 政事를 기술하였다. 漢代 학자 馬融 등이 그것을 〈月令〉이라 개편하고 《禮記》에 편입하여 국가를 다스리는 大法으로 삼았다. 〈月令〉의 내용은 열두 달, 일흔 두 절기로 나누어 날짜와 기후에 따라 추위와 더위의 순서를 잡고 사물을 적당하게 분류하여 미리 대비하였다. 이것이 성인이 한 것이다. 그러나 성인의 도는 기이한 것을 모아 신령한 것으로

---

53) 虐寒(학한) : 학질.
54) 螟蝗(명황) : 배추벌레와 메뚜기.
55) 蓬蒿(봉호) : 쑥.
56) 藜莠(여유) : 강아지풀.
57) 特(특) : 다만. 瞽史(고사) : 두 개의 관명. 瞽는 음악을 관장하는 관리. 吏(이) : 太史로 사관임.
58) 夏后(하후) : 夏朝의 왕으로 곧 夏禹.
59) 逸(일) : 없어지다.

삼지 않으며 하늘을 끌어다가 심오하다고 여기지 않는다. 백성에게 이롭게 하고 일에 대하여 빈틈없이 준비하는 것이 이와 같을 따름이다. 〈月令〉을 보면 절기를 억지로 五事(사람의 얼굴 모양 · 말 · 보는 것 · 듣는 것 · 생각하는 것)에 맞추고 五行(水 · 火 · 木 · 金 · 土)에 맞춰 정책과 法令을 시행하려는 것이다. 이는 성인의 도를 벗어난 것이 아주 심한 것이 아니냐?

무릇 정책과 법령이 시행되면 어떤 것은 적당한 때를 기다려야 시행할 수 있고, 어떤 것은 때를 기다리지 않고 시행할 수 있다. 때문에 초봄에는 논밭의 경계를 정비하고 밭두둑과 도랑을 바로 잡으며, 땅에 맞는 작물을 관찰하여 작물을 재배하지만 많은 사람을 모아서 그 일을 하지 않게 한다. 늦봄에는 제방을 정비하고 도랑을 통하게 하며, 사냥을 금지하고 누에 치기 도구를 준비하며, 소와 말을 교배시키고 온갖 기술자는 때를 위배하지 않게 한다. 초여름에는 토목공사를 시작하지 않고 대중을 노역에 동원하지 않으며 농사를 권장하고 백성들을 격려하도록 한다. 한여름에는 馬에 관한 행정 관리 제도를 반포 시행하고 온갖 약재를 수집하게 한다. 늦여름에는 관개를 하고 잡초를 베어 땅을 비옥하게 하며, 밭에 비료를 주어 토질을 관리하며, 토목공사나 전쟁은 마땅히 일으키지 않는다. 초가을에는 부들과 갈대 등 옷감 짜는 재료를 거두어들이고 한가을에는 백성들에게 보리를 파종하도록 권면 한다. 늦가을에는 온갖 기술자들을 쉬게 하며 백성들이 집안에 들어가 겨울옷을 준비하게 한다. 양식의 생산량을 집계하며 세금 낼 일을 처리한다. 관습대로 건초를 모아 제사용의 소·양·돼지 등을 기르며, 백성들의 수확을 재촉하고 채소 비축에 힘쓰게 하며 땔나무를 베어 숯을 만들도록 한다. 초겨울에는 성곽을 쌓고 움을 파서 양식 창고를 지어 각종 물자를 잘 보관하도록 한다. 농부들을 위로하여 그들을 쉬게 하며 늪과 연못에 대한 세금을 걷도록 한다. 한겨울에는 벌목하며 화살을 만들도록 한다. 늦겨울에는 무예를 연마하고 활쏘기와 말타기를 익히게 한다. 각종 작물의 종자를 마련하고 농사를 준비하며, 농기구를 마련하게 한다. 제후들을 소집하여 각지의 납세액 등의 법률 조례를 제정하여 공물의 양을 정하도록 한다. 이러한 일은 실로 때를 맞추어 시행해야 하며, 이른바 겸손하게 백성들에게 절기를 순응하게 하다. 그밖에 郊祭나 종묘 등 각종 제사는 역시 옛날부터 전하는 제도에 따라 행하며 폐지할 수 없다.

만약 고대에 나라를 다스리는 임금이 봄이 이르지 않았다고 덕이 있고 너그러운 政令을 발포하지 못하며, 상을 내리거나 은혜를 베풀지도 못하며, 어린아이를 양육하거나 감옥을 살피지도 못하며, 빈곤을 구제하지도, 어진 이를 예의로 대접하지 못한다고 하자. 그리고 여름이 이르지 않아서 재능이 출중한 사람을 칭찬하지도, 덕행이 있는 사람과 나이가 있고 덕망이 높은 사람을 추천하지도, 또 그들에게 작위와 봉록을 확정하지도 못하며, 가벼운 사건을 판결하지도, 또 죄가 작은 사건을 처리하지 못하며, 과도한 기호와 욕망을 절제하지도 못하고 또 많은 관리들이 안정하지도 못한다고 하자. 또 가을이 이르지 않아서 士兵을 선발하지도, 또 무예를 익히지도 못하며, 공로가 있는 이를 임명하지도 또 포악하고 태만한 이를 벌하지도 못하며, 좋고 나쁜 것을 밝히지도, 또 법제를 정비하지도 못하며, 노쇠한 이를 부양하지도, 또 각종 형벌을 천명하고 엄정하게 집행하지도 못하고, 사형집행을 타당하게 행하지도 못한다고 하자. 또 겨울이 이르지 않아서 국가를 위해 죽은 가족에게 상을 주기도, 또 고아와 과부를 불쌍히 여기지도 못하며, 아부하는 무리들을 검거하지도, 또 관세를 경감하지도 못하며, 상인들을 불러 모으고 또 궁문 출입을 엄밀히 조사하지도 못하며, 귀족과 인척의 습속을 바로 잡지도 못하며, 쓸모없는 관리를 파직하지도, 또 쓸데없는 기물을 버리지도 못한다고 하자. 그러면 집정할 때의 결점과 잘못이 많아질 것이다. 이것은 진실로 때를 가리지 않고 행해야 될 것이다. 초봄은 하늘의 운행질서를 바꿀 수 없고, 자연계의 이치를 위배하거나 인류의 도덕 윤리 등의 기강을 어지렵힐 수 없다. 초봄을 없애면 이러한 일이 일어날 수 있는 것인가? 지나치게 교묘한 물건을 만들어 임금의 마음을 흔드는 일을, 늦봄을 제외하면 행해도 된다는 것인가? 그런 일들은 대내적으로는 임금의 마음에 받아들여지지 말아야 하고 대외적으로는 백성들에게 시행되지 말아야 할 것이다. 그러면 정령 〈月令〉 글로 쓰지 않아도 될 것이다.

또 〈月令〉에서 이르기를: "절기를 위반하면, 회오리바람 · 폭우 · 서리와 눈 · 침수 · 가뭄 · 장마 · 짙은 안개 · 혹한과 혹서 등이 발생할 수 있다. 또 전염병 · 심한 감기와 기침 · 학질

· 옴 등의 질병이 발생할 수 있다. 배추벌레와 메뚜기 떼의 재해로 오곡 · 오이(瓜)류와 과일 등이 수확이 없고, 쑥과 강아지풀 등의 잡초로 많은 이상 현상이 일어날 수 있다. 총애하는 애첩의 정치 간섭 · 여자의 流産 · 요절과 부상 · 수재와 화재 · 적군의 침입과 약탈 · 전란의 발생 · 도로의 불통 · 변방의 불안정 · 토지의 분열 · 변방 주민이 적의 위협을 받아 성채에 숨는 일 · 떠돌이 유랑 등의 異變이 발생한다."고 하였다. 이와 같은 말은 음악을 관장하거나 역사를 관장하는 관리의 말에 불과하며 성인에게서 나온 말이 아니고, 하후(夏后)와 주공(周公)의 절기와 관계되는 전적(典籍)은 이미 흩어져 없어졌다.

◈ 작품 감상 및 분석

시령(時令)은 고대 계절에 따라 농사와 정령(政令)에 관계된 것을 제정한 것이다. 본문은 《呂氏春秋 · 十二紀》와 《禮記 · 月令》에서 언급하는 "억지로 다섯 가지 일에 맞추고 오행에 맞춰 政令으로 시행하려는 것"(合五事, 配五行, 而施其政令)은 과학적이지 못한 "天人感應說"이라 반박하고, 자연조건과 인류활동의 각종 관계 등을 분석하였는데 특히 자연재해, 질병, 전쟁 등을 모두 政令 탓으로 돌리는 것은 절기와 어울리지 않는다고 하였다.

본문은 대략 두 부분으로 나눌 수 있다. 그는 먼저 《禮記 ·

月令》의 "억지로 다섯 가지 일에 맞추고 오행에 맞춰 政令으로 시행하려는 것"(合五事, 配五行, 而施其政令)의 허구성에 대하여 비판을 하였다. 그가 언급하는 〈月令〉 유래는 전국시대 말년에 진나라 재상 呂不韋가 문객을 모아서 儒家 · 道家 · 墨家 · 法家 등 각 사상가의 관점을 채용하여 《呂氏春秋》를 편찬한 것이다. 그 중 〈十二紀〉는 孟春紀 · 仲春紀 · 季春紀 등 각 계절별로 12紀이다. 매 紀 앞에 그 달에 실시해야할 政令의 문장이 있다. 漢나라 儒生들은 이것을 〈月令〉으로 만들어 《禮記》에 편입시켜 기본적인 법으로 간주하였다. 그 중 1년 12달, 72候가 있는데 候는 날씨 특징을 가리키는 것이다. 예를 들면 孟春 正月에는 "東風解凍" 등의 候가 있는데, 이것으로서 태양의 운행과 기후의 변화를 추측하고, 사계절 순서에 따라 그 계절에 마땅히 해야 할 일을 적어 놓아 사람들이 미리 준비하도록 하였다. 이것은 周公이 제정한 것으로 알려져 있다.

그는 이어서 聖人의 道는 "온통 기이한 것을 가져다가 신령한 것으로 삼지는 않으며 하늘을 끌어다가 고상하다고 하지도 않는다. 백성에게 이롭게 하고 일에 준비한다."(不窮異以爲神, 不引天以爲高, 利於人, 備於事)라고 하여 결코 기괴한 것을 신령으로 삼지 않고 "죽고 사는 것이 운명에 있고, 부귀가 하늘에 있다"(死生有命, 富貴在天)는 견해를 끌어들이지 않으며 단지 백성들에게 유리하고 사물원칙을 준수하여 조치를 취하는데 있는 것이다. 국가가 하는 일은 백성의 수요와 시대에 따라 달리 조치하는 것이다. 그러나 〈月令〉의 내용을 보면

五事로써 五行을 맞추어 政令을 추진하였다. 《尙書 · 洪範》에 의하면 五行은 水 · 火 · 木 · 金 · 土로 貌 · 言 · 視 · 聽 · 思를 가리킨다. 작가는 〈時令論 · 下〉에서 仁 · 義 · 禮 · 智 · 信 五常을 五事로 간주하였다. 그러므로 오행은 인간 생활 중 항상 보이는 5종의 기본 물질인데 儒家와 陰陽家는 본래의 기본 규율과 相生 相克의 관계를 모두 신비롭게 만들었다. 곧 "天意"의 구현으로 각종 자연현상과 人事를 견강부회하여 "天人感應說" 체계를 구성하였다. 〈月令〉은 이런 이론의 집합체로 그것의 황당함과 자칭 "聖人之作"의 허구성을 폭로한 것이다.

天說

韓愈謂柳子曰: "若知天之說乎?[1] 吾爲子言天之說. 今夫人有疾痛, 倦辱, 饑寒甚者, 因仰而呼天曰: '殘民者昌, 佑民者殃!' 又仰而呼天曰: '何爲使至此極戾也?'[2] 若是者, 擧不能知天.[3] 夫果蓏,[4] 飮食旣壞, 蟲生之; 人之血氣敗逆壅底,[5] 爲癰瘍、[6] 疣贅、[7] 瘻痔、[8] 蟲生之; 木朽而蝎中,[9] 草腐而螢飛,[10]

---

1) 若(약) : 당신, 너. 說(설) : 설법, 도리.
2) 戾(려) : 불합리하다.
3) 擧(거) : 전부.
4) 果蓏(과라) : 수목의 열매는 '果' 라 하고, 瓜類의 열매는 '蓏'라고 한다.
5) 壅底(옹저) : 막히다.
6) 癰瘍(옹양) : 머리와 목에 나는 나쁜 종기.
7) 疣贅(우췌) : 피부에 생기는 양성 혹.
8) 瘻痔(누치) : 치질.
9) 蝎(갈) : 굼벵이. 中 : 그 가운데서 생기다.
10) 草腐而螢飛(초부이형비) : 개똥벌레는 썩은 풀에서 알을 낳고 성충이 되다. 古人들의 생각임.

是豈不以壞而後出耶? 物壞, 蟲由之生; 元氣陰陽之壞, 人由之生, 蟲之生而物益壞, 食齧之,[11] 攻穴之,[12] 蟲之禍物也滋甚.[13] 其有能去之者,[14] 有功於物者也; 繁而息之者,[15] 物之讎也. 人之壞元氣陰陽也亦滋甚: 墾原田, 伐山林, 鑿泉以井飮, 窾墓以送死, 而又穴爲偃溲,[16] 築爲牆垣、城郭、臺榭、[17] 觀游、[18] 疏爲川瀆、溝洫、[19] 陂池,[20] 燧木以燔,[21] 革金以鎔,[22] 陶甄琢磨,[23] 悴然使天地萬物不得其情,[24] 倖倖衝衝,[25] 攻殘敗撓而未嘗息.[26] 其爲禍元氣陰陽也. 不甚於蟲之所爲乎? 吾意有能殘斯人使日薄歲

---

11) 齧(설) : 물다.
12) 攻穴(공혈) : 구멍을 뚫다.
13) 滋甚(자심) : 더욱 심하다.
14) 其(기) : 若, 만약.
15) 繁(번) : 번식하다. 息(식) : 성장하다.
16) 偃溲(언수) : 화장실.
17) 臺榭(대사) : 높은 곳에 짓는 누대.
18) 觀游(관유) : 정자.
19) 川瀆(천독) : 도랑. 溝洫(구혁) : 해자.
20) 陂池(피지) : 연못.
21) 燧木(수목) : 나무를 뚫어 불을 취하다. 燔(번) : 굽다.
22) 革金 : 금속을 제련하다.
23) 陶甄(도견) : 도자기를 만들다. 琢磨(탁마) : 옥을 연마하다.
24) 悴然(췌연) : 초췌한 모양. 情 : 본성.
25) 倖倖(행행) : 화내는 모양. 衝衝(충충) : 많은 모양.
26) 攻殘敗撓(공잔패뇨) : 훼손하고 파괴하다. 息 : 정지하다.

削,[27] 禍元氣陰陽者滋少, 是則有功於天地者也; 繁而息之者, 天地之讎也. 今夫人擧不能知天, 故爲是呼且怨也. 吾意天聞而呼且怨, 則有功者受賞必大矣, 其禍焉者受罰亦大矣. 子以吾言爲何如?"

柳子曰: "子誠有激而爲是耶? 則信辯且美矣.[28] 吾能終其說. 彼上而玄者, 世謂之天; 下而黃者, 世謂之地; 混然而中處者,[29] 世謂之元氣; 寒而暑者, 世謂之陰陽. 是雖大, 無異果蓏、癰痔、草木也. 假而有能去其攻穴者, 是物也, 其能有報乎?[30] 繁而息之者, 其能有怒乎? 天地, 大果蓏也; 元氣, 大癰痔也; 陰陽, 大草木也, 其烏能賞功而罰禍乎?[31] 功者自功, 禍者自禍, 欲望其賞罰者大謬; 呼而怨, 欲望其哀且仁者, 愈大謬矣. 子而信子之仁義以遊其內,[32] 生而死爾, 烏置存亡得喪於果蓏、癰痔、草木耶?

27) 斯(사) : 이. 日薄歲削(일박세삭) : 날마다, 해마다 감소하고 약화되다.
28) 信(신) : 확실히. 美 : 감동적이다. 듣기 좋다.
29) 中處(중처) : 하늘과 땅 가운데 처해있다.
30) 報(보) : 보답하다.
31) 烏(오) : 何, 어찌.
32) 遊其內(유기내) : 인의의 도덕관념에 빠지다.

◈ 천설 번역

한유가 유종원에게 말하기를: "그대는 하늘에 관한 도리를 아시는지요? 제가 그대에게 하늘에 관한 도리를 말하겠습니다. 지금 사람들 중에 질병의 아픔, 권태와 모욕, 기아와 추위가 심한 자가 고개를 젖히고 하늘을 향해 외치기를: '백성을 죽이는 자는 잘 살고 백성을 돕는 자는 재앙을 당합니다!'라고. 또 하늘을 향해 절규하기를: '어찌하여 이 세상을 이와 같이 극도로 불합리하게 만드십니까? 라고. 이와 같은 사람들은 모두 하늘을 이해하지 못한 것입니다. 무릇 수목의 열매와 음식이 상하면 벌레가 생겨납니다. 사람의 혈기가 막혀 통하지 못하면 종기, 혹, 치질 등이 되며 벌레가 생겨납니다. 나무가 썩으면 굼벵이가 생기고, 풀이 썩으면 반딧불로 변하여 날아다닙니다. 이것들은 어찌 상한 다음에 생겨나는 것이 아니겠습니까? 생물이 상하면 벌레가 생겨나고, 원기와 음양이 파괴되면 사람이 이로부터 생겨납니다. 벌레가 생기면 생물은 더욱 빨리 상하니, 먹고 물어뜯으며 구멍을 뚫어 벌레의 생물에 대한 피해는 더욱더 심해집니다. 만약 어떤 사람이 벌레를 제거할 수 있으면 생물에 공이 있는 사람이고, 그 벌레를 번식시키는 것은 생물의 원수입니다. 인류가 원기와 음양에 대한 파괴도 역시 더욱더 심해집니다. 밭을 개간하고 산림을 벌목하며 우물을 파서 물을 마시며 묘지를 만들어 장사를 지내며, 또 구덩이를 파서 화장실을 만듭니다. 담장 · 성곽 · 누각 · 정자를 쌓고 지으며, 도랑과 해자와 연못을 만들며 나무로 불을 지펴 음식을 익힙니다. 금속을 제련하여 기물을 만들며 질그릇과 기와를 빚고 옥을 연마하여 천지의 만물이 초췌하게 생기를 잃고 그 본성을 잃게 만듭니다. 노기등등하여 훼손하고 파괴하기를 그치지 않았습니다. 이렇게 원기와 음양에 끼치는 재난이 벌레의 짓보다 더 심하지 않겠습니까? 제 생각에 만약 누가 이런 사람을 죽일 수 있으면 날마다, 해마다 감소하고 약화되어 원기와 음양에 피해를 끼치는 사람이 줄어들게 됩니다. 이것이 천지에 공을 세우는 사람입니다. 그리고 만약 그것을 번식시키는 자는 천지의 원수입니다. 지금 사람들은 모두 하늘의 도리를 알지 못합니다. 그래서 그렇게 외쳐대고 원망하는 것입니다. 제 생각에 하늘이 그 외침과 원망을 듣는다면 공로가 있는 자가 받을 상은 반드시 클 것이고, 화를 끼친 자가 받을 벌 역시 클 것입니다. 당신은 제 말을 어떻게 생각하십니까?"

유종원이 말하기를: "당신은 진실로 감동된 것이 있어서 그렇게 말씀하신 것이겠지요. 그렇다면 참으로 옳고 감동적인 말씀입니다. 제가 하늘의 도리를 마무리할 수 있습니다. 저 위에 검은 것을 세상 사람들은 하늘이라 부르며 아래의 누런 것을 땅이라 부릅니다. 아득하게 천지간에 처해 있는 것을 세상 사람들은 元氣라고 하며, 춥고 더움을 음양이라고 부릅니다. 이것들은 비록 크지만 열매, 종기와 치질, 초목 등과 다를 바가 없습니다. 만약 누군가 초목에 구멍을 내는 벌레를 없애

줄 수 있으며, 열매와 초목이 그에게 보답할 수 있겠습니까? 또 누군가 벌레를 번식시킬 수 있으면 열매와 초목이 그들에게 화를 낼 수 있겠습니까? 천지는 커다란 열매와 같고 元氣는 커다란 종기와 치질과 같으며 음양은 커다란 초목과 같습니다. 그것들이 어찌 공을 세운 이에게 상을 주고 화를 끼친 이에게 벌을 내릴 수 있겠습니까? 功勞는 스스로 세우는 것이고 禍는 스스로 초래하는 것이니 천지, 元氣, 음양이 상을 주고 벌을 내리는 것을 바란다면 큰 잘못입니다. 외치고 원망하여 하늘의 연민과 仁慈를 얻기 바란다면 더욱 큰 잘못입니다. 당신이 만약 자신의 인의를 확신하여 인의를 준칙으로 삼으신다면, 仁義를 위해 살고 인의를 위해 죽으시면 될 따름입니다. 어찌하여 생사와 득실의 원인을 열매, 종기와 초목과 같은 무의식의 하늘에 돌리려 하십니까?"

◈ 작품 감상 및 분석

이 문장은 유종원과 한유가 "天人關係"를 토론한 저명한 철학문장이다. 이 논쟁은 한유가 유종원에게 준 한 통의 편지에서 야기되었으나 유감스럽게도《한유문집》중에 이 편지가 수록되어 있지 않다. 그러나 이 문장에서 한유의 기본 관점을 볼 수 있다. "天人關係"는 유종원이 영주에 폄적된 후 치중하는 하나의 과제지만 天命觀을 비판하였다. 王叔文 등이

'永貞革新'에 실패한 후 政敵과 계속적인 투쟁으로 생성된 결과이기도 하다. 당시 보수파들은 天命을 사상이론의 기초 근거로 삼아 李純을 황태자로 옹립하였다. 그 이유는 "天意所歸" (한유《順宗實錄》)로 李誦 퇴위를 핍박하면서, "天"을 의지가 확고한 "神"으로 만들었다.

유종원이 활동한 시대는 天에 대한 개념은 단순한 자연계의 문제가 아니었다. 정치, 문화, 윤리, 도덕과 밀접한 관계가 있다. 天은 의지가 있고 만물을 주재할 수 있는 능력을 지닌 神이었다. 따라서 비가 오고 태풍이 오는 것 등은 그의 의지를 표달하는 것이고 인간에 대한 상과 벌로 나타난다. 이것이 한유가 주장하는 이론이고 한유는 유종원을 "不知天"이라고 힐난하였다.

사실 "天"에 대한 논쟁의 본질은 황제 옹립에 있었다. 유종원의 〈六逆論〉의 관점에 따르면 왕의 후계자를 정하는 것은 적장자와 서자를 구별하는데 있는 것이 아니라 현명하고 영도력이 있는 것을 우선시해야 한다는 것이 王叔文 일파의 공통 견해이었다. 그러므로 중병에 걸린 李誦이 후계자를 선택할 때 그들은 李純을 미리 제거하려는 계획을 세우고 다른 태자를 세웠다. 그러나 환관들과 조정의 보수파 관료들은 "王道天命"과 "立嫡爲長"을 내세워 李純을 太子로 세웠다. 그 결과 이순은 즉위 후에 유종원을 포함한 혁신파에 대하여 엄중한 형벌을 내려 그들은 유배지로 쫓겨났다. 그러나 유종원은 이에 동요하지 않고 당당하고 떳떳하게 이 문장을 저술하였다.

이 문장은 상대방의 문장이 전편의 三분지 二의 편폭을 차지하고 있다. 일부분이 아닌 전편을 채용하여 전면적으로 반박하여 작가의 자신감을 나타내고, 짧은 편폭으로 상대방을 요점 있게 반박하였다.

작자는 "세상 사람들은"(世謂之)라는 말을 사용하여 "하늘"일 뿐이고 "땅"일 뿐이며 단지 사람들이 그렇게 호칭하였을 뿐이라고 하였다. "하늘"은 단지 물질적인 존재이고 열매, 종기, 초목과 같지만 좀 클 뿐이지 그것은 神이 아니고 의지도 없다고 명쾌하게 객관적으로 사물화 하였다. 때문에 공을 세운 이에게 상을 주고 화를 끼친 사람에게 벌을 내릴 수 없다는 것이다. 이에 작자의 관점을 분명히 표명하였다. "功勞는 스스로 세우는 것이고 禍는 스스로 초래하는 것이니 천지, 元氣, 음양이 상을 주고 벌을 내리는 것을 바란다면 큰 잘못입니다."(功者自功, 禍者自禍, 欲望其賞罰者大謬) 또한 한유를 우회적으로 공격하며 이르기를 "당신이 자신의 인의를 확신하여 인의를 준칙으로 삼으신다면, 인의를 위해 살고 인의를 위해 죽으시면 될 따름입니다."(子而信子之仁義以遊其內.) 라고 하여 生死와 득실의 원인을 열매, 종기와 초목, 초목과 같이 의지가 없는 하늘에 돌리는 것은 부당하다고 명확하게 밝혔다.

捕蛇者說

永州之野,[1] 産異蛇, 黑質而白章.[2] 觸草木盡死, 以齧人, 無禦之者.[3] 然得而腊之,[4] 以爲餌,[5] 可以已大風、攣踠、瘻癘,[6] 去死肌,[7] 殺三蟲.[8] 其始大醫以王命聚之,[9] 歲賦其二.[10] 募有能捕之者, 當其租入,[11] 永之人,[12] 爭奔走焉.

---

1) 永州(영주) : 지금의 湖南省 零陵縣.
2) 質(질) : 바탕. 章(장) : 무늬.
3) 齧(설) : 물다. 禦(어) : 막다. 여기서는 '치료하다'의 뜻.
4) 腊(석) : 말린 고기. 여기서는 '고기를 말리다'라는 뜻.
5) 餌(이) : 약재.
6) 大風 : 문둥병. 攣踠(연원) : 팔 다리가 굽어 펴지지 않는 병. 瘻癘(누려) : 목에 난 종기와 문둥병.
7) 去 : 없애다. 死肌(사기) : 썩은 피부.
8) 三蟲 : 인체 내에 있는 온갖 기생충.
9) 大醫(대의) : 太醫, 어의.
10) 賦(부) : 징수하다.
11) 當(당) : 상당하다. 대체하다.
12) 永 : 永州.

有蔣氏者, 專其利三世矣.[13] 問之, 則曰: "吾祖死於是, 吾父死於是, 今吾嗣爲之十二年, 幾死者數矣."[14] 言之, 貌若甚慼者.[15] 余悲之,[16] 且曰: "若毒之乎?[17] 余將告于蒞事者,[18] 更若役,[19] 復若賦,[20] 則何如?"

蔣氏大慼, 汪然出涕曰:[21] "君將哀而生之乎? 則吾斯役之不幸, 未若復吾賦不幸之甚也. 嚮吾不爲斯役,[22] 則久已病矣.[23] 自吾氏三世居是鄕, 積於今六十歲矣. 而鄕鄰之生日蹙,[24] 殫其地之出,[25] 竭其廬之入,[26] 號呼而轉徙,[27] 飢渴而頓踣,[28] 觸風

---

13) 專(전) : 누리다. 독차지하다.
14) 幾(기) : 거의.
15) 慼(척) : 슬퍼하다. 걱정하다.
16) 悲(비) : 불쌍히 여기다.
17) 若(약) : 당신. 毒(독) : 원망하다. 미워하다.
18) 蒞事者(이사자) : 일을 맡은 사람. 지방관.
19) 更(경) : 바꾸다.
20) 賦(부) : 세금. 若賦 : 너의 세금. 復(복) : 회복하다.
21) 汪然(왕연) : 눈물을 뚝뚝 흘리는 모양.
22) 嚮(향) : 이전.
23) 病(병) : 고통을 견디지 못하다.
24) 蹙(축) : 오그라들다. 궁핍해지다.
25) 殫(탄) : 다하다. 다 없애다.
26) 廬(여) : 집. 가정.
27) 號呼(호호) : 울고불고 하다. 轉徙(전사) : 떠돌다. 먼데로 이사하다.
28) 頓踣(돈부) : 쓰러지다.

雨, 犯寒暑,[29] 呼嘘毒癘,[30] 往往而死者相藉也.[31] 曩與吾祖居者,[32] 今其室十無一焉;[33] 與吾父居者, 今其室十無二三焉; 與吾居十二年者, 今其室十無四五焉, 非死而徙爾.[34] 而吾以捕蛇獨存. 悍吏之來吾鄉, 叫囂乎東西,[35] 隳突乎南北,[36] 譁然而駭者,[37] 雖鷄狗不得寧焉. 吾恂恂而起,[38] 視其缶, 而吾蛇尙存, 則弛然而臥,[39] 謹食之,[40] 時而獻焉. 退而甘食其土之有, 以盡吾齒.[41] 蓋一歲之犯死者二焉, 其餘則熙熙而樂,[42] 豈若吾鄕鄰之旦旦有是哉?[43] 今雖死乎此, 比吾鄕鄰之死則已後矣, 又安敢毒耶?"

余聞而愈悲. 孔子曰: "苛政猛於虎也.[44]" 吾嘗

29) 犯(범) : 무릅쓰다.
30) 呼嘘(호허) : 호흡하다. 毒癘(독려) : 전염병.
31) 相藉(상자) : 서로가 서로를 베고 자듯 겹치다.
32) 曩(낭) : 예전에.
33) 其室(기실) : 그들의 집.
34) 爾(이) : 耳와 같다. …할 따름이다.
35) 叫囂(규효) : 큰 소리로 떠들다.
36) 隳突(휴돌) : 소란을 피우다.
37) 譁然(화연) : 시끄럽고 소란한 모양. 駭(해) : 놀라게 하다.
38) 恂恂(순순) : 조심하는 모양.
39) 弛然(이연) : 안심하는 모양.
40) 食(사) : 사육하다. 기르다.
41) 齒(치) : 나이.
42) 熙熙(희희) : 즐거운 모양.
43) 旦旦(단단) : 날마다.

疑乎是. 今以蔣氏觀之, 猶信. 嗚呼! 孰知賦斂之毒, 有甚是蛇者乎? 故爲之說, 以俟夫觀人風者得焉.[45)]

◈ 포사자설 번역

영주의 들에는 기이한 뱀이 나는데 검은 바탕에 흰 무늬가 있다. 그 뱀이 초목에 닿으면 모두 죽고, 사람을 물면 치료할 방법이 없었다. 그러나 그 뱀을 잡아서 바람에 말려서 약재로 만들면 문둥병이나 팔다리가 굽는 병과 악성 종기 등을 치료할 수 있고, 썩은 피부를 제거하고 몸속의 기생충을 죽일 수 있다. 처음에 어의가 왕명으로 그 뱀들을 모아 일 년에 두 차례 징수했다. 그 뱀을 잘 잡은 사람을 모집하여 그가 내는 조세로 대체하였다. 영주 사람들은 다투어 뱀을 잡았다.

장씨라는 사람이 있었는데 삼대에 걸쳐 그 이익을 누렸다. 그 일을 물은 즉 대답하기를: "제 조부도 그 뱀 잡는 것으로 죽었고, 부친도 이 일을 하다가 죽었으며, 제가 이 일을 계승하여 십이 년이 되었지만 거의 죽을 뻔한 것이 여러 번 입니다."라고 말하면서 모습이 꽤 슬퍼보였다. 나는 그를 불쌍히 여겨 또 이르기를: "당신은 그 일을 원망하는가? 내가 담당관

---

44) 苛政猛於虎(가정맹어호) : 가혹한 정치가 호랑이 보다 더 무섭다. 《禮記 · 檀弓下》에서 인용.
45) 俟(사) : 기다리다. 人風 : 민풍. 민정.

에게 이야기하여 그대의 노역을 바꾸고 세금을 회복시켜주면 어떻겠는가?"라고 말하였다.

장씨는 몹시 슬퍼하면서 눈물을 흘리며 말했다. "선생께서는 저를 불쌍히 여기시어 계속 살 수 있도록 할 것 인가요? 그러면 제가 이 일에 종사함으로써 생기는 불행은 저의 세금이 회복됨으로써 생기는 불행처럼 심하지 않을 것입니다. 전부터 제가 이 일을 하지 않았다면 저는 이미 오래 전에 고통을 견디지 못했을 것 입니다. 우리 가문 삼대가 이 고장에서 산지 지금껏 60년이 되었지만, 이웃 사람들의 생활은 날로 궁핍해졌습니다. 땅의 소출과 그 집안의 수입은 다 써버리고 도와달라고 외치면서 이리저리 떠돌아다니다가 목마름과 굶주림에 쓰러지기도 하고, 비바람과 추위와 더위를 겪으면서 전염병에 걸려 죽은 사람이 때때로 서로 깔고 베고 한 채 뒤엉켜 있었습니다. 예전에 저희 조부와 함께 살던 사람은 지금 그 집이 열에 하나도 남아 있지 않고, 저희 부친과 살았던 사람은 지금은 열에 두 셋도 남아있지 않았습니다. 저와 함께 12년 동안 이곳에서 살던 집안 가운데 지금은 열에 네 다섯도 없습니다. 그들은 죽지 않으면 이사했지만 나는 뱀 잡는 일 때문에 홀로 이곳에 살고 있습니다. 흉악한 관리가 마을에 와서 사방으로 소란을 피우며 떠들고 다니는데, 모두들 잔뜩 놀라고 닭이나 개도 편하지 못하지요. 하지만 저는 조심스럽게 일어나 그 항아리를 보고 나의 뱀이 그대로 있으면 안심하고 눕지요. 조심하면서 뱀에게 먹이를 주어, 때가 되면 바치고 돌아와서는 그 땅에서 나는 농작물을 맛있게 먹고, 그렇게 함으로써 수명을 다 할 수 있는 것 입니다. 대략 일 년 중 죽음을 무릅쓰는 때는 두 번이고 그 나머지는 희희낙락할 수 있으니 어찌 이웃사람처럼 매일 같이 고통스러움이 있는 것과 같을 수 있겠습니까? 지금 비록 여기에서 죽더라도 이웃사람들의 죽음에 비하면 늦게 죽는 셈이니 어찌 감히 이 일을 원망하겠습니까?"

나는 그 말을 듣자 더욱 슬퍼졌다. 공자가 말하길: "가혹한 정치가 호랑이 보다 더 무섭다."라고 하였다. 나는 일찍이 이 말을 의심하였는데 지금 장씨의 경우를 보니 더욱 믿게 되었다. 아! 세금을 거둬들이는 혹독함이 그 뱀 보다 더욱 심하다는 것을 누가 알았겠는가? 그런 까닭에 이 글을 지어 민정을 관찰하는 사람들이 알게 되기를 기대한다.

◈ 작품 감상 및 분석

이 글은 유종원이 永州에 유배 가서 백성들의 아픔을 이해하고 부역의 과중함과 가렴주구(苛斂誅求)하는 지방 관리들을 직접 목도하고 현실을 고발하여 쓴 것이다.

장씨는 독사를 잡아 헌납하여 부역을 대신하지만 한 가족 三代가 죽음을 무릅쓰고 하는 것은 혹독한 조세와 부역 부담을 견디지 못하는 이웃보다는 조금 낫기 때문이다. 그 이웃은 결국 "집안의 수입을 전부 세금으로 납부하고 울면서 고향을 떠나지만 도중 배고프고 피곤하여 길에 쓰러진다."고 비참한 백성들의 모습을 사실적으로 표현하였다. 이렇듯 작가는 부패한 관리가 백성을 착취하는 가혹함을 폭로하는 동시에 암흑정치가 독사나 호랑이 보다 백성에게 미치는 폐해가 크다는 것을 고발한 것이다. 이 글은 내용이 상세하고 인물을 생동감 있게 표현하면서도 현실의 부조리를 날카롭게 고발한 걸작이다.

羆說

鹿畏貙,[1] 貙畏虎, 虎畏羆. 羆之狀, 被髮人立,[2] 絶有力而甚害人焉. 楚之南有獵者, 能吹竹爲百獸之音.[3] 昔云持弓矢罌火,[4] 而卽之山,[5] 爲鹿鳴以感其類,[6] 伺其至, 發火而射之. 貙聞其鹿也, 趨而至. 其人恐, 因爲虎而駭之.[7] 貙走而虎至,[8] 愈恐, 則又爲羆, 虎亦亡去.[9] 羆聞而求其類, 至則人也.

---

1) 貙(추) : 들고양이와 비슷하나 약간 크다. 羆(비) : 큰곰. 곰 보다 큰데, 털빛은 갈색이고 오십 년 까지 산다고 함.
2) 被髮(피발) : 머리를 산발하다. 人立 : 사람처럼 서다.
3) 吹竹(취죽) : 피리를 불다. 爲: 하다. 여기서는 '모방하다'는 뜻.
4) 罌火(앵화) : 등불을 항아리에 넣다. 罌은 입구가 좁고 배가 부른 항아리.
5) 之 : 가다.
6) 感(감) : 감화하다.
7) 因(인) : 그래서, 그리하여. 爲虎(위호) : 피리를 불어 호랑이 울부짖는 소리를 모방하다.
8) 走(주) : 빨리 달리다.

捽搏挽裂而食之.[10)]

今夫不善內而恃外者,[11)] 未有不爲羆之食也.

◈ 비설 번역

사슴은 추(貙)를 두려워하고 추는 호랑이를 두려워하며 호랑이는 큰곰을 두려워한다. 큰곰의 모습은 머리를 산발하고 사람처럼 서는데, 힘이 더없이 세고 사람을 심하게 해친다. 초지방 남쪽의 한 사냥꾼은 피리를 불어 온갖 짐승의 소리를 낼 수 있다. 그는 조용히 활과 화살, 항아리에 불을 넣어서 산으로 갔다. 사슴의 울음소리를 내서 그 사슴들을 감화시켜 그들이 오기를 기다려 불을 밝혀 쏘았다. 그런데 추가 사슴 소리를 듣고는 달려왔다. 사냥꾼은 두려웠기에 피리로 호랑이 소리를 내서 추를 놀라게 하였다. 추는 달아났으나 호랑이가 왔다. 더욱 두려워서 다시 큰곰 소리를 냈고, 호랑이 역시 도망갔다. 그러나 큰곰이 소리를 듣고 같은 부류를 찾아 왔다가, 와서 보니 사람이었다. 그 사냥꾼의 머리를 꽉 붙잡고 때

9) 亡去(망거) : 도망치다.
10) 捽(졸) : 꽉 붙잡다. 搏(박) : 때리다. 挽裂(만렬) : 당겨서 찢다.
11) 善內(선내) : 자신의 역량을 강화하다. '악한 정치를 제거하고 중앙집권력을 강화하다.'는 의미가 있음. 恃外(시외) : 외부의 힘에 기대다. 번진 할거세력이나 外族의 병력에 의지함을 비유하다.

리고 찢어서 먹었다.

지금 내부 역량을 강화하지 않고 외부에 의존한다면 큰곰의 먹이가 되지 않을 자가 없다.

◈ 작품 감상과 분석

본문은 유종원의 다른 우언 작품과 같이 언어가 간결하고 명쾌하며 날카롭다. 이 작품은 편폭이 아주 짧아 130여자에 불과하지만 구성은 비교적 복잡하다. 한 사냥꾼과 네 종류의 야수를 차례로 출현시켰고 사냥꾼의 형상을 생동적으로 묘사하였다. "사냥꾼은 피리를 불어 온갖 짐승의 소리를 낼 수 있다."(能吹竹爲百獸之音)고 하여 사냥꾼의 특수한 재능은 수렵하는 것과 필연적인 관계가 없음을 알 수 있다. "활과 화살, 항아리에 불을 담아서 산으로 가는 것"(持弓矢罌火, 而卽之山)은 완전히 자신감 넘치는 모습이지만 잠시 후 호랑이가 출현하자 두려워하였고 뒤이어 비(羆)가 나타나자 더욱더 두려워하였다. 이는 능력이 없는 사람이 긴박한 상황에서 낭패한 모양을 생동감 있게 묘사한 것이다. "사냥꾼의 머리를 꽉 잡고 때리고 찢어서 먹었다."(捽搏挽裂而食之)는 문장은 비록 일곱 글자지만 4개의 동사를 사용하여 큰곰이 맹렬하고 신속하고 연관성 있게 행동하는 것을 표현하고 비극적인 면모를 생동감 있게 표현하였다.

본문의 핵심 내용은 "내부를 잘 다스리지 않고 외부에 의존한다면 큰곰의 먹이가 되지 않을 자 없다."(今夫不善內而恃外者, 未有不爲羆之食也.)는 것으로 당시 사회현상을 풍자한 것이다.

이 문장은 유종원이 永州로 유배 가서 쓴 문장인데 당시 藩鎭세력이 할거하는 상황에서 중앙집권을 강화하지 않고, 부패한 정치를 혁신하고 않으며 계속하여 "以藩治藩"의 환상을 가지고 있으면 곧 사냥꾼과 같이 비극적인 상황이 될 수 있음을 시사한 것이다. 이러한 풍자는 아주 대담하고 날카롭게 현실을 비판한 것이다.

觀八駿圖說

古之書有記周穆王馳八駿升崑崙之墟者.[1] 後之好事者爲之圖, 宋、齊以下傳之.[2] 觀其狀甚怪, 咸若騫若翔[3], 若龍鳳麒麟, 若螳螂然. 其書尤不經,[4] 世多有, 然不足采.[5] 世聞其駿也, 因以異形求之. 則其言聖人者, 亦類是矣. 故傳伏犧曰牛首, 女媧曰其形類蛇, 孔子如倛頭,[6] 若是者甚衆. 孟

---

1) 古之書 : 八駿 고사는《穆天子傳》과《列子》에 기재되어 있다. 周穆王(주목왕) : 성은 姬, 이름은 滿으로 유람하는 것을 좋아했음. 八駿圖(팔준도) : 고대의 유명한 명화. 周나라 穆王에게는 여덟 필의 천리마가 있는데, 이를 타고 곤륜산에 가기도 하고, 西王母가 있는 천산에 이르기도 하였다. 墟 : 언덕.
2) 宋、齊 : 남조시대의 송나라와 제나라.
3) 咸(함) : 모두. 騫(건) : 공중으로 올라 나는 듯이 달린다.
4) 不經 : 터무니없다. 황당하다.
5) 采(채) : 채택하다.
6) 倛頭(기두) : 들짐승 가죽으로 만든 가면.

子曰: “何以異於人哉? 堯、舜與人同耳.”

今夫馬者, 駕而乘之, 或一里而汗,[7] 或十里而汗, 或千百里而不汗者. 視之, 毛物尾鬣,[8] 四足而蹄, 齕草飮水,[9] 一也. 推是而至於駿,[10] 亦類也. 今夫人, 有不足爲負販者,[11] 有不足爲吏者.[12] 有不足爲士大夫者. 有足爲者. 視之, 圓首橫目, 食穀而飽肉, 絺而淸,[13] 裘而燠,[14] 一也. 推是而至於聖, 亦類也. 然則伏犧氏、女媧氏、孔子氏, 是又人而已矣. 驊騮、白羲、山子之類,[15] 若果有之, 是亦馬而已矣. 又烏得爲牛,[16] 爲蛇, 爲倛頭, 爲龍、鳳、麒麟、螳螂然也哉?

然而, 世之慕駿者, 不求之馬, 而必是圖之似, 故終不能有得於駿也. 慕聖人者, 不求之人, 而必若牛、若蛇、若倛頭之問,[17] 故終不能有得於聖人也.

---

7) 或(혹) : 어떤 말. 汗(한) : 땀을 흘리다.
8) 毛物(모물) : 털의 색깔. 鬣(렵) : 말갈기.
9) 齕(흘) : 씹다.
10) 推(추) : 추론하다.
11) 不足爲(부족위) : 할 수 없다. 負販者(부판자) : 등에 메거나, 손에 들고 행상하는 사람.
12) 吏者(이자) : 하급 관리.
13) 絺(치) : 갈포를 입다. 淸 : 시원하다.
14) 裘(구) : 모피. 燠(욱) : 따듯하다.
15) 驊騮(화류)、白羲(백희)、山子 : 팔준마 중의 세 마리 이름.
16) 烏(우) : 何. 得 : 할 수 있다.

誠使天下有是圖者, 擧而焚之, 則駿馬與聖人出矣.

◈ 관팔준도설 번역

고서에는 주목왕(周穆王)이 여덟 마리 준마가 끄는 마차를 타고 곤륜산 언덕에 올랐다고 기재되어 있다. 후에 호사가가 그것을 그림으로 그렸고 宋 · 齊 이래 줄곧 전해졌다. 그림 속의 말을 보면 몹시 기괴하니 모두가 마치 도약하는 듯하고 나는 듯하여 마치 용과 봉황과 기린과 같으며 사마귀 같기도 하다. 그런 고서의 기재는 더욱 황당하였고 세상에 많이 있으나 취할 수 없다. 세상 사람들은 책 속의 말이 준마라고 들어서 특이한 형상을 근거로 그들을 찾는다. 세상 사람들이 성인을 말할 때에도 역시 이것과 비슷하다. 그러므로 전설에 복희(伏羲)는 소의 머리를 가졌고 여와(女蝸)는 그 모습이 뱀과 비슷하며 孔子의 머리는 들짐승 가죽으로 만든 가면을 닮았다고 하였는데 이와 같은 의견은 매우 많다. 맹자가 말하길: "성인이 어찌 일반 사람들과 다르겠는가? 요임금과 순임금도 일반 사람들과 같았을 뿐이다"라고 하였다.

지금 말(馬)을 이야기 해보면 마차를 끌고서 가는 것인데, 어떤 말은 일 리를 가서 땀을 흘리고, 어떤 말은 십 리를 가서 땀

17) 之問 : 問之의 도치.

을 흘리며, 어떤 말은 천 리나 백 리를 가고도 땀을 흘리지 않는다. 말의 모습을 보면 털의 색깔, 꼬리와 갈기, 네 발에 발굽이 있고 풀을 먹고 물을 마시는 것이 모두 동일하다. 이 도리를 준마에 추론하면 역시 그 모습이 비슷할 것이다. 사람으로 말하자면 행상을 할 수 없는 사람이 있고, 관리를 할 수 없는 사람도 있으며, 사대부를 할 수 없는 사람도 있으며, 또 어떤 사람은 할 수 있는 사람도 있다. 사람의 모습을 보면 둥근 머리에 가로 난 눈이 있고 곡식을 먹고 고기를 좋아하며, 갈포 옷을 입으면 시원해하며, 털옷을 입으면 따듯해 하는 것이 모두 같다. 이 도리를 성인에 추론하면 역시 모습이 비슷할 것이다. 그런즉 복희 · 여와 · 공자도 역시 사람일 뿐이다. 화류(驊騮) · 백희(白羲) · 산자(山子)의 천리마도 만약 실제로 존재한다면 역시 말일 따름이다. 어찌 소의 모습과 뱀의 모습과 가면의 얼굴을 한 성인이 용 · 봉황 · 기린 · 사마귀와 같은 모양이 될 수 있겠는가?

그러나 세간에서 준마(천리마) 얻기를 갈망하는 사람들은 말 속에서 준마를 찾지 않고 반드시 그림과 같은 것을 찾으려고 한다. 그러므로 끝내 준마를 찾을 수 없다. 성인을 흠모하는 자들은 사람 속에서 성인을 찾지 않고 반드시 소와 같고 뱀과 같으며 탈을 쓴 사람을 찾으면, 끝내 성인을 찾을 수 없다. 실로 천하에 그림을 가진 이들이 그것을 모두 태워버린다면 바로 준마와 성인이 출현할 것이다.

◈ 작품 감상 및 분석

본 문장은 그림에 대한 평가이다. 그는 이 그림을 서론 삼아서 성인에 대한 견해를 천명하였고 일반인들이 구하는 성인에 대하여 그의 정확한 주장을 제시하였다. 〈八駿圖〉는 六朝시대 부터 유행하던 한 폭의 그림으로, 唐代에 이르러 白居易의 新樂府 〈八駿圖〉, 元稹의 五言古詩 〈八駿圖〉와 李觀의 〈周穆王八駿圖序〉 등이 있다. 이러한 詩文으로 인해 八駿을 기이하고 기발함을 강조하여 神物로 여겨졌다.

유종원은 이러한 견해에 반대하고 〈八駿圖〉의 작가 및 관계가 있는 詩文에서 더욱 초현실적으로 준마를 모색하거나 聖人을 요구하는 것은 현실적이지 못하고 "끝내 준마를 찾을 수 없고"(終不能有得於駿) "끝내 성인을 찾을 수 없다." (終不能有得於聖人)고 과감하고 명확한 견해를 피력하였다.

제 1단에서는 작자는 유추하는 수법으로 설명하면서 세상에는 이상한 말도 없고 기이한 성인도 없다고 하였다. 소위 "八駿"은 후대에 사람들이 만든 것에 불과한 것이지 진실로 믿을 수 있는 것은 아니라고 하였다. "세상 사람들은 책 속의 말이 준마라고 들어서 특이한 형상을 근거로 그들을 찾는다. 세상 사람들이 성인을 말할 때에도 역시 이것과 비슷하다." (世聞其駿也, 因以異形求之, 則其言聖人者, 亦類是矣.) 그래서 "복희(伏羲)의 얼굴은 소의 머리와 비슷하고, 여와(女媧)는 뱀과 비슷하며, 공자의 얼굴은 들짐승 가죽으로 만든 가면을 닮았다고 전해진다.” (故傳伏犧曰牛首, 女媧曰其形類蛇, 孔子如倛頭.) 이러한 세간의 미신에 대하여 공자의 계승자인 맹자의 말로 의문과 상상을 불식시켰다. “어찌해서 일반 사람들과 다르겠는가? 요임금과 순임금도 일반 사람들과 같았을 뿐이다.”(孟子曰: 何以異於人哉? 堯、舜與人同耳.)

두 번째 단락에서는 명확한 관점을 제시하였다. 말은 수레를 끌고 가는 것인데 어떤 말은 십리를 가서 땀을 흘리고 어떤 말은 천 리나 백 리를 가고도 땀을 흘리지 않는다. 털이 난 몸에 꼬리와 갈기가 있으며 발굽이 있고 풀을 먹고 물을 마시는 점이 모두 동일하다. 이로써 준마를 생각해보면 그 모습이 비슷할 것이다. 지금 사람 중에는 행상을 할 수 없는 사람이 있고, 사대부를 못 할 사람도 있으며 또 될 만한 사람도 있다. 모습을 보면 둥근 머리에 가로 난 눈이 있고 곡식을 먹고 고기를 좋아하며, 갈포 옷을 입으면 시원해하고, 털옷을 입으면 따듯해하는 것도 모두 동일하다. 이로써 성인을 생각하면 역시 모습이 비슷할 것이다.

세 번째 단락에서는 “성인을 흠모하는 자들은 사람 속에서 성인을 찾아야 한다.”고 작가는 현실과 관련하여 중요한 정치 혁신정신을 표명하였다. 당시 사람들은 성인을 일반 사람 가운데서 찾지 않고 소와 같고 뱀과 같으며 귀신의 얼굴을 고집하기에 끝내 성인을 찾을 수 없다. 그러나 〈八駿圖〉그림을 모두 태워버리면 준마와 성인에 대한 편견과 미신이 불식되어 바로 준마와 성인이 출현할 수 있다고 하였다. 곧 당시 세

속의 미신과 부조리를 파헤쳐 구습을 타파하면 조정에서 필요한 진정한 인재를 발굴할 수 있음을 제시한 내용이다.

晉文公問守原議

晉文公旣受原於王,[1] 難其守.[2] 問寺人勃鞮,[3] 以畀趙衰.[4] 余謂守原, 政之大者也, 所以承天子,[5] 樹霸功,[6] 致命諸侯,[7] 不宜謀及媟近,[8] 以忝王命.[9]

---

1) 晉文公(진문공) : 춘추시대 晉나라 임금으로 기원전 636년에서 628년까지 재위하였다. 성은 姬, 이름은 重耳이다. 아버지 헌공(獻公)이 여희(驪姬)를 총애하여 태자 申生를 죽이자, 중이는 도망가서 19년 동안 유랑생활을 하였다. 秦 穆公의 도움으로 晉나라로 귀국하여 즉위하였고, 제후 맹주가 되어 후에 춘추 五霸의 하나가 되었다. 原: 지명으로 지금의 하남성 濟原. 원래는 周왕조의 屬地인데, 周 襄王은 동생 子帶의 공격을 받아 鄭國으로 도망갔다. 이에 진 문공은 군대를 출동시켜 자대를 물리치자, 襄王은 原의 땅을 진 문공에게 하사하였다. 受原於王: 周王으로부터 原의 땅을 하사받았다.
2) 難其守(난기수) : 원 땅을 관할하는 지방관 선임하는 것이 어렵다.
3) 寺人(시인) : 내시. 教鞮(발제) : 인명으로 寺人披라고도 칭한다.
4) 以畀趙衰(이비조최) : 발제 건의로 조최를 原의 지방관으로 임명하다. 畀(비) : 주다. 수여하다.
5) 承天子(승천자) : 천자를 섬기다.
6) 樹霸功(수패공) : 霸王의 공훈과 업적을 세우다.

而晉君擇大任, 不公議於朝,[10] 而私議於宮, 不博謀於卿相,[11] 而獨謀於寺人. 雖或衰之賢足以守, 國之政不爲敗, 而賊賢失政之端,[12] 由是滋矣.[13] 況當其時不乏言議之臣乎? 狐偃爲謀臣,[14] 先軫將中軍,[15] 晉君疏而不咨,[16] 外而不求,[17] 乃卒定於內豎,[18] 其可以爲法乎?[19] 且晉君將襲齊桓之業,[20] 以

---

7) 致命諸侯 : 제후에게 호령을 발포하다.
8) 媟近(설근) : 신변의 환관.
9) 忝(첨) : 욕됨.
10) 公議於朝 : 조정에서 공개적으로 논의하다.
11) 博謀(박모) : 널리 의견을 구하다.
12) 賊賢失政(적현실정) : 賢臣을 해치고 국정을 혼란하게하다. 端(단) : 단서. 기점.
13) 滋(자) : 번성하여 만연하다.
14) 狐偃(호언) : 자는 子犯으로 重耳의 삼촌. 그를 따라 19년 간 유랑생활을 하였다. 중이가 귀국하여 즉위하였을 때 그의 지략에 의존하였다. 후에 上軍의 佐에 임용되어 진 문공의 내정개혁에 큰 힘을 실어주었다.
15) 先軫(선진) : 晉將의 대부로 中軍의 사령관. 將(장) : 사령관. 中軍 : 춘추시대 제도로 全軍을 상·중·하 三軍으로 나누었는데 中軍이 주력이 되다.
16) 疏而不咨(소이불자) : 호언과 선진 등의 신하를 소원히 하고 자문을 하지 않는다.
17) 外 : 외인, 제삼자.
18) 卒定於內豎 : 마침내 내시와 상의하여 결정하다. 卒 : 마침내. 定 : 상의하여 결정하다. 內豎(내수) : 내시.
19) 其可以爲法乎? : 이러한 방법은 본받을 수 있겠는가?
20) 齊桓(제환) : 齊 桓公으로 이름은 小白. 춘추시대 齊나라 임금으로 기원전 685년에서 642년까지 재위하였음. 管仲을 재상으로 기용하여 부국을 도모하였다. 춘추시대 첫번째 霸主가 되었다.

翼天子,[21] 乃大志也. 然而齊桓任管仲以興,[22] 進豎刁以敗.[23] 則獲原啓疆,[24] 適其始政,[25] 所以觀示諸侯也,[26] 而乃背其所以興, 跡其所以敗. 然而能霸諸侯者, 以土則大, 以力則彊, 以義則天子之冊也.[27] 誠畏之矣,[28] 烏能得其心服哉![29] 其後景監得以相衛鞅,[30] 弘、石得以殺望之,[31] 誤之者晉文公也.

嗚呼! 得賢臣以守大邑, 則問非失擧也.[32] 蓋失

---

21) 以翼天子 : 천자를 돕다. 翼(익) : 날개. 돕다.
22) 管仲(관중) : 이름은 夷吾, 춘추 초기 정치가로 桓公을 도와 정치를 개혁하고 국민경제에 심혈을 기울여 제나라를 부강하게 만들었다.
23) 豎刁(수조) : 제나라 환공의 환관으로 환공의 총애를 많이 받았다. 管仲 사후 易牙 · 開方 2인과 함께 환공을 위하여 정무를 담당했는데, 사리사욕에 어두워서 결국 제나라 멸망하는데 일조를 가한 인물들이다.
24) 啓疆(계강) : 국토를 확대하다.
25) 適(적) : 때마침.
26) 觀示諸侯(관시제후) : 제후에게 귀감을 보이다.
27) 冊(책) : 책봉하다.
28) 誠(성) : 실제적으로.
29) 烏(오) : 何, 어찌.
30) 景監(경감) : 전국시대 秦 孝公의 태감. 相 : 그를 재상이 되게 하였다. 衛鞅(위앙) : 이름은 公孫鞅, 전국시대 法家의 대표 인물로, 위나라 사람이다. 태감이 그를 추천했기에 진나라의 재상이 되었다. 變法(법률과 제도의 개혁)을 시행하여 약소국 진나라가 중국을 통일하는 기초를 마련하였다. 후에 商지방에 봉해졌기에 商鞅이라고도 한다.
31) 弘、石 : 弘恭과 石顯로 西漢 元帝때 환관, 국가 기밀을 장악하고 직권을 남용하는 등 不忠하였다. 望之 : 蕭望之로 西漢 元帝의 스승으로, 재상을 역임하였다. 환관 감축을 주장하다가 환관인 弘恭과 石顯의 감정을 상하게 하여 마침내 투옥되고, 후에 자살하였다.
32) 問非失擧(문비실거) : 자문을 물으면 천거한 사람은 결코 실수가 없다.

問也.[33] 然猶羞當時陷後代若此,[34] 況於問與擧又兩失者,[35] 其何以救之哉? 余故著晉君之罪,[36] 以附《春秋》許世子止、趙盾之義.[37]

◈ 진문공문수원의 번역

晉의 文公이 천자로부터 原지방을 하사받고 그곳 책임자의 선임을 고심하다가 환관인 발제(敎鞮)에게 물었다. 발제가 건의하여 조쵀(趙衰)를 原의 지방관으로 임명하였다. 내 생각에 原지방 관할은 진나라 중대한 정사로서, 천자의 뜻을 이어 패업을 이루며 제후에게 명령을 전하는 일 등인데, 가까운 환

---

33) 失問(실문) : 자문방식과 대상에 결함이 있다.
34) 羞當時(수당시) : 당대에서 수치를 당하다. 陷後代(함후대) : 후대를 괴롭히다. 곤경에 빠뜨리다.
35) 問與擧又兩失者(문여거우양실자) : 자문의 대상과 천거한 대상이 모두 틀렸다.
36) 著(저) : 顯著하게 하다. 폭로하다.
37) 許世子止(허세자지) : 춘추시대 許國 도공(悼公)의 아들로, 이름은 止이다. 《左傳》 昭公 19년 기재에 의하면 기원전 523년 許悼公은 병이 났는데 아들이 보내준 약을 먹고 사망하였다. 《春秋》에는 "許世子弑其君"이라 기재되어있다. 趙盾 : 趙宣子로 춘추시대 晉國의 執政大夫이다. 《左傳》 宣公 2년 기재에 의하면 晉 靈公은 荒淫無道하였다. 기원전 607년에 조돈은 영공의 박해를 피해서 도망갔지만, 그 친척인 趙穿이 영공을 살해해서 다시 돌아왔는데, 조천을 성토하지 않았다. 이 때문에 《春秋》에서는 "趙盾弑其君"이라 기재되어있다. 義 : 비난의 뜻.

관과 상의함으로써 왕명을 욕되게 해서는 안된다. 또한 晋의 君主로 대임을 맡을 이를 선택하면서 조정에서 공개적으로 논의하지 않고 宮內에서 사사로이 의논하였다. 널리 卿相들에게 의견을 구하지 아니하고 단독으로 환관과 의논하였다. 비록 조최의 현명함이 그곳을 맡을 수 있어 진나라의 국정을 망치지 않았다. 그러나 현인을 해치고 국정을 혼란하게 하는 단초가 여기에서 만연하였다. 하물며 당시에 의논할 신하가 없지 않지 않았던가? 호언(狐偃)이 참모이고 선진(先軫)이 中軍의 사령관이었는데 진의 군주는 그들을 멀리하여 자문하지 않고 그들을 제삼자로 여기고 의견을 구하지도 아니하였다. 마침내 내시와 상의하여 결정하였으니 이를 본받을 수 있겠는가? 또한 晋의 군주는 濟 桓公의 패업을 이어 천자를 보좌하려 하였으니 이것은 당연히 위대한 포부이다. 그런데 제 환공은 管仲을 임명하여 흥성하였지만 수조(竪刁)를 등용하여 국정을 망쳤다. 현재 진 문공은 원 땅을 얻어 영토를 확장하여, 패업을 시작할 시기로, 제후에게 귀감을 보여야 한다. 그러나 제 환공의 흥성했던 성공 경험을 포기하고 망쳤던 길을 따랐다. 그러나 진 문공은 후에 패주(霸主)가 되어 영토면에서도 진나라는 대국이고, 역량면에도 군사력이 강했으며, 명분상으로도 천자로부터 책봉을 받았으므로, 제후들이 두려워하였다. 그러나 그들이 어찌 마음으로부터 복종을 하였겠는가! 그 후로 秦 孝公 내시 景監이 위앙(衛鞅)을 추천하여 재상이 될 수 있었고 漢 元帝의 내시 弘恭과 石顯이 재상인 소망지(蕭望之)를 살해할 수 있었다. 이렇게 잘못된 것은 진문공이 환관을 가까이 한 것부터 시작한다.

아! 현명한 신하를 얻어 큰 땅을 지키게 하였으니 그 자문에 응해 천거한 사람은 잘못이 없으나, 그 자문의 대상과 방식이 잘못되었다. 그런데도 당시를 욕되게 하고 이처럼 후대를 곤경에 빠뜨렸다. 하물며 자문의 대상과 천거의 대상이 모두 잘못되었다면 어떻게 만회할 수 있겠는가? 그 때문에 나는 진나라의 군주 文公의 죄를 드러내《春秋》의 許의 세자 止와 조둔(趙盾)에 대한 비난을 덧붙인다.

◈ 작품 감상 및 분석

유종원 생애 47년은 唐代 태평성대로부터 쇠망으로 변화하고 환관들이 창궐하는 무소불위의 시기이었다. 환관과 藩鎭, 대귀족, 관료 집단이 서로 결탁하여 중앙의 대권을 장악하였다. 그들의 잔인한 착취와 압박에서 백성들은 심한 고생을 하고 빈부격차는 나날이 심해졌다. 이에 유종원은 국가와 국민의 이익을 위하여 정치개혁을 요구하고 개혁을 방해하는 환관들의 통치 집단을 극도로 미워하였다. 작가는 晉 文公이 지방장관을 관리로 채용 시 조정의 卿相과 상의하지 않고 오히려 궁중의 환관과 몰래 처리하는 것을 본문을 통해 풍자하고 아울러 당시의 최고 통치자에 대한 엄중한 경고를 하였다.

제 1단락에서는 B.C. 636년 주 양왕(周 襄王)이 그 동생 왕자 子帶의 공격을 받아 鄭國으로 도망갔다. 그 다음해 진 문공이 출병하여 子帶를 쳐서 물리치고 周 襄王을 成周(周의 수도, 지금의 洛陽)로 모셔왔다. 이에 양왕은 陽樊·溫·原 등의 토지를 晋 文公에게 상으로 하사하였다. 문공이 이곳을 다스리는 장관을 확정하기 어려워 환관 勃鞮에게 물어 이 직무를 趙衰에게 주었다. 진 문공은 오히려 조정에 공개하지 않고 內宮에서 몰래 상의하였다. 널리 대신들의 의견을 듣지 않고 단독으로 환관과 모사하였다. 비록 조최의 才德이 훌륭하더라도 국가의 정치는 이 때문에 망가질 수 없다. 그러나 어진이를 해치고 政事를 망치는 재앙은 이로부터 생겨났다. 하물며 그 때 진나라에는 狐偃·先軫 등의 신하가 있었는데 진 문공은 멀리하고 환관이 결정하였는데 이러한 일을 모범이라고 할 수 있는가?

두 번째 단락에서 진 문공은 齊 桓公의 패업을 계승하여 周의 天子를 보좌하려고 했는데 이것은 위대한 염원이라고 하였다. 제 환공은 유능한 管仲을 재상으로 임용하여 나라를 흥성하게 하였는데 나중에 환관 竪刁가 전권을 휘둘러 다른 군신들을 죽이고 제나라는 혼란에 빠졌다. 진 문공은 原地를 얻고 영토를 확대하고 패업을 이루려고 제후에게 모범을 보이는 등 노력하는 모양을 보였으나 오히려 제 환공 성공의 경험을 버리고 그의 실패와 잘못을 다시 범했다. 그러나 이후에 패주가 되었는데 이는 晋나라가 토지가 넓고 군대 역량이 강하고 周왕실이 봉하였기에 제후들이 그를 두려워한 것이지

어디 충심으로 심복한 것이냐?

세 번째 단락에서 晉 文公의 잘못을 폭로한 것은 현실의 환관 해악을 공격하기 위한 것이다. 작자는 탄식하며 말하기를: "진 문공이 조최 같은 현신을 만나 이러한 토지를 잘 다스리면 좋지만 '問守原'의 잘못은 추천된 자의 잘못에 있는 것이 아니고, 단지 대상을 잘못 물은 것이지만 당시 사람들의 비웃음을 당했다. 이것은 당시 항상 있는 일이니 무슨 방법으로 구제할 수 있는가?" 라고 하면서 "借古諷今"(옛 것을 빌려 현재를 풍자하는 것) 필법으로 당시의 현실을 날카롭게 공격하였다.

駁復讎議

臣伏見天后時,[1] 有同州下邽人徐元慶者,[2] 父爽爲縣吏趙師韞所殺,[3] 卒能手刃父讎, 束身歸罪.[4] 當時諫臣陳子昂建議,[5] 誅之而旌其閭,[6] 且請編之

1) 伏(복) : 본문에 있는 "竊"과 같이 書面에서 상사에게 사용하는 경어. 天后 : 무조(武曌)(624-705)는 幷州文水(현 山西省 문수현)사람으로, 당나라 高宗 李治 永徽 6년(655년)에 황후가 되었다. 후에 예종(睿宗) 이단(李旦)을 폐위하고 스스로 '神聖皇帝'라 칭하였다. 國號를 周나라로 바꾸어 16년간 제위하였다. 中宗 李哲이 복위한 후에 그는 퇴위를 하였는데 '則天大聖皇帝'라 칭하였다. 그리하여 후인들이 '武則天'이라 칭하였다.
2) 同州(동주) : 당나라의 州名. 현 陝西省 渭南縣 이북. 下邽(하규) : 동주에 소속된 현.
3) 趙師韞(조사온) : 당시 하규현 縣尉로 군사와 치안을 담당하였다.
4) 束身歸罪(속신귀죄) : 자신을 줄로 묶어 자수하다.
5) 諫臣(간신) : 陳子昂(진자앙)은 武則天 때 좌습유(右拾遺)로, 상부에 건의와 諫言을 할 수 관직을 역임했기에 諫臣이라 하였다. 陳子昂 : (661-702) 자는 伯玉으로 梓州射洪(현 사천성 사홍)사람으로 당나라 초기 저명한 문학가이다.
6) 旌(정) : 표창하다. 閭(려) : 마을 어귀에 세운 문.

於令, 永爲國典.[7] 臣竊獨過之.[8]

臣聞禮之大本, 以防亂也. 若曰無爲賊虐,[9] 凡爲子者殺無赦; 刑之大本, 亦以防亂也. 若曰無爲賊虐, 凡爲理者殺無赦.[10] 其本則合, 其用則異. 旌與誅 莫得而並焉.[11] 誅其可旌, 玆謂濫, 黷刑甚矣;[12] 旌其可誅, 玆謂僭,[13] 壞禮甚矣. 果以是示於天下, 傳於後代, 趨義者,[14] 不知所向, 違害者,[15] 不知所立, 以是爲典可乎?

蓋聖人之制,[16] 窮理以定賞罰,[17] 本情以正褒貶,[18] 統於一而已矣.[19] 嚮使刺讞其誠僞,[20] 考正其

---

7) 國典(국전) : 국법의 준칙.
8) 過(과) : 잘못하다. 동사로 사용.
9) 若 : 만약. 賊虐(적학) : 흉폭한 짓을 하고 사람을 죽이다.
10) 凡爲理者殺無赦(범위리자살무사) : 무릇 백성을 다스리는 관리가 까닭 없이 사람을 죽이면 사면할 수 없다.
11) 莫得而並(막득이병) : 동시에 병용할 수 없다.
12) 黷刑(독형) : 형벌을 더럽히다.
13) 僭(참) : 본분을 뛰어넘다.
14) 趨義者(추의자) : 정의를 추구하는 사람.
15) 違害者(위해자) : 법망을 피하는 사악한 사람.
16) 制(제) : 규정.
17) 窮理(궁리) : 이치대로 하다.
18) 本 : 근거하다.
19) 統於一 : 禮와 刑의 목적과 효과로 일치가 되다.
20) 嚮使(향사) : 만약. 刺讞(자얼) : 죄의 경중을 조사하여 정하다. 誠僞 : 진짜와 가짜.

曲直,[21] 原始而求其端,[22] 則刑禮之用, 判然離矣.[23] 何者? 若元慶之父, 不陷於公罪,[24] 師韞之誅, 獨以其私怨, 奮其吏氣,[25] 虐於非辜,[26] 州牧不知罪,[27] 刑官不知問,[28] 上下蒙冒,[29] 籲號不聞;[30] 而元慶能以戴天爲大耻, 枕戈爲得禮,[31] 處心積慮, 以衝讎人之胸,[32] 介然自克,[33] 卽死無憾, 是守禮而行義也. 執事者,[34] 宜有慚色, 將謝之不暇,[35] 而又何誅焉? 其或元慶之父,[36] 不免於罪, 師韞之誅, 不愆於法,[37] 是非死於吏也, 是死於法也. 法其可讎乎.[38] 讎天

---

21) 考正(고정) : 심사하여 바로잡다. 曲直(곡직) : 是非.
22) 原(원) : 탐구하다. 端(단) : 원인.
23) 判然(판연) : 명확하게. 離(이) : 구분하다.
24) 公罪(공죄) : 국법에 저촉하여 죄를 얻다.
25) 奮(분) : 나타내다. 吏氣(이기) : 관리의 위세
26) 非辜(비고) : 무고하다. 죄가 없는 사람.
27) 州牧(주목) : 州의 최고 책임자.
28) 問(문) : 관여하다. 따져 묻다.
29) 蒙冒(몽모) : 숨기다. 은폐하다.
30) 籲號(유호) : 억울함을 호소하다.
31) 枕戈(침과) : 잠을 잘 때 목 밑에 兵器를 두다. 한시도 원수를 잊지 않는다는 의미. 得禮(득례) : 정당하고 합리적이다.
32) 衝(충) : 찌르다.
33) 介然(개연) : 의지가 굳은 모양. 自克(자극) : 결심을 하다.
34) 執事者(집사자) : 권력을 장악한 사람.
35) 謝(사) : 사죄하다. 용서를 빌다. 不暇 : 여유가 없다. 손 쓸 틈이 없다.
36) 其或: 아마도, 어쩌면.
37) 愆(건) : 잘못하다. 어기다. 不愆於法 : 법률을 위배하지 않다.
38) 其 : 豈.

子之法, 而戕奉法之吏,[39] 是悖驁而凌上也.[40] 執而誅之, 所以正邦典,[41] 而又何旌焉?

且其議曰:[42] "人必有子, 子必有親, 親親相讎,[43] 其亂誰救?" 是惑於禮也甚矣. 禮之所謂讎者, 蓋以寃抑沉痛, 而號無告也;[44] 非謂抵罪觸法, 陷於大戮.[45] 而曰: "彼殺之, 我乃殺之." 不議曲直, 暴寡脅弱而已.[46] 其非經背聖, 不亦甚哉!《周禮》: "調人,[47] 掌司萬人之讎.[48] 凡殺人而義者, 令勿讎, 讎之則死" "有反殺者,[49] 邦國交讎之",[50] 又安得親親相讎也?《春秋公羊傳》曰: "父不受誅, 子復讎可也, 父受誅, 子復讎, 此推刃之道,[51] 復讎不除

39) 戕(장) : 살해하다.
40) 悖驁(패오) : 도리에 어긋나고 오만하다. 凌(능) : 무례한 짓을 하다.
41) 正邦典(정방전) : 국법을 바르게 하다.
42) 其議(기의) : 진자앙이 저술한 〈復仇議〉. 其 : 진자앙.
43) 親親相讎(친친상수) : 앞의 "親" 자는 동사로 친근하고 사랑하다. 뒤의 "親" 자는 명사로 부모이다.
44) 號無告(호무고) : 큰소리로 울부짖어도 호소할 곳이 없다.
45) 大戮(대륙) : 사형.
46) 暴寡脅弱(폭과협약) : 과부를 침해하고 약한 사람을 위협하다.
47) 調人(조인) : 周代 관명으로 사법을 주관하였다.
48) 掌司萬人之讎(장사만인지수) : 백성의 원한을 책임지고 화해시키다.
49) 反殺(반살) : 역으로 다시 살인하다. 즉 불법적으로 보복 살인하다.
50) 交讎之(교수지) : 함께 그를 처벌하다.
51) 推刃(추인) : 왔다갔다하며 서로 죽이는 것이 그치지 않다.

害." 今若取此以斷,[52] 兩下相殺,[53] 則合於禮矣. 且夫不忘讎, 孝也; 不愛死,[54] 義也. 元慶能不越於禮, 服孝死義, 是必達理而聞道者也.[55] 夫達理聞道之人, 豈其以王法爲敵讎者哉? 議者反以爲戮, 黷刑壞禮, 其不可以爲典, 明矣.

請下臣議, 附於令, 有斷斯獄者,[56] 不宜以前議從事. 謹議.

◈ 박복수의 번역

신이 삼가 알기로, 측천무후 때에 동주 하규 사람 서원경이라는 자가 있었는데 부친 여상이 현위인 조사온에게 살해되자 마침내 친히 부친의 원수를 찌르고는 자신을 줄로 묶어 자수하였습니다. 당시에 간관이었던 진자앙이 건의하여 그를 사형에 처하고 그의 집 길 어귀에 정문을 세워 표창하고 또 그 일을 법령에 넣어 영원히 국법의 준칙으로 삼기를 청했습니

52) 取此(취차) : 이 원칙에 근거하다.
53) 兩下相殺 : 조사온이 서원경의 아버지를 죽이고, 서원경이 또 조사온을 죽이는 것.
54) 愛(애) : 내놓기를 아까워하다.
55) 達理(달리) : 사리를 잘 알다. 聞道(문도) : 성현의 도를 깨닫다.
56) 斯獄(사옥) : 이 안건.

다. 신은 삼가 유독 진자앙의 주장은 잘못된 것으로 여깁니다.

신이 알기로 예법의 큰 근본은 사회질서 혼란을 방지하는데 있습니다. 예를 들어 말하면 흉폭한 짓을 하고 사람을 죽여서는 안되며 무릇 아들 된 자가 부친의 원수를 죽이면 사면할 수 없습니다. 형법의 근본작용은 사회질서 혼란을 방지하는 것 입니다. 예를 들어 말하면 흉폭한 짓을 하고 사람을 죽여서는 안되고, 백성을 다스리는 관리가 까닭 없이 살인하는 것은 모두 사면할 수 없습니다. 예법과 형법의 근본역할은 시행하는 장소와 대상은 다릅니다. 정문(旌門)을 세워 표창하는 것과 처형하는 것은 동시에 병용할 수 없습니다. 표창할 만한 이를 처형한다면 이는 남용으로서 형법을 더럽힘이 심합니다. 죽일 사람을 표창한다면 이는 월권으로서 예법을 파괴함이 심합니다. 만약 이러한 처리를 천하에 보이고 후세에 전한다면 정의를 추구하는 이가 방향을 모를 것이며, 법망을 피하는 사악한 사람이 누구의 말을 믿어야 좋을지 모를 것 입니다. 이를 전범(典範)으로 삼는 것이 되겠습니까?

무릇 성인의 제도는 이치를 따져 상벌을 정하고 상황을 근거로 상과 벌을 올바로 하여 예법과 형법의 목적과 효과를 일치가 되게 할 따름입니다. 만약 죄의 진위를 물어 심리하고 曲直을 심사하여 바로 잡으며 당초의 시작을 탐구하고 범죄의 원인을 구한다면 형법과 예법의 응용이 분명하게 구별됩니다. 왜 그렇습니까? 만약 원경의 부친이 법에 저촉하지 않아 죄를 범하지 않았는데, 사온이 그를 죽인 것이 단지 사적인 원한 때문에 관리로서의 위세로 무고한 사람을 함부로 죽인 것이고, 또 주의 책임자는 법에 의해 죄를 다스리지 않고 刑官(형벌을 관장하는 관리)도 관여하지 않았다면, 고위직과 하위직 관리가 은폐하여, 억울함을 호소하는 자가 고소할 방법이 없었다면, 그래서 원경은 원수와 같은 하늘 아래 사는 것을 큰 수치로 여기고, 한시도 원수를 잊지 않는 것이 정당하고 합리적이라고 여겼다. 여러 궁리 끝에 원수의 가슴을 찌르고는 굳건히 결심하여 만약 자기의 생명을 희생하고 조금도 유감이 없다면 이는 예법을 지키고 의로움을 행한 것입니다. 권력을 장악한 사람은 마땅히 부끄러운 기색이 있어야 하며, 사죄하기에도 바빠야 할 터이니, 어찌 그를 처형한단 말입니까? 아마 서원경의 부친이 죄가 있고 사온이 그를 처형한 것이 법에 위배되지 않은 것이라면 이는 관리에게 죽은 것이 아니라 법에 의해 죽은 것입니다. 법이 어찌 복수할 대상이 되는 것 입니까? 천자의 법에 복수하고 그 법을 받드는 관리를 살해했다면 이는 오히려 도리에 어긋나고 오만하며 군주에게 무례한 것입니다. 이러한 사람을 잡아 죽이는 것이 국법을 바로 잡는 길이니 어찌 그를 표창하겠습니까?

또 진자앙(陳子昻)은 〈復讎議〉에서 이르기를: "사람에겐 아들이 있고 아들에겐 부모가 있으니 부모를 사랑하여 복수한다면 이 혼란한 상황을 누가 저지 하겠습니까?"라고 하였습니다. 이는 예법에 대해 미혹함이 심한 것입니다. 예법에서 말하는 복수라는 것은 억울하고 침통한데 큰 소리로 울부짖어도 호소할 것이 없는 것을 이릅니다. 결코 죄를 짓고 법을 어겨 사형하는 상황은 아닙니다. 그러나 "그가 사람을 죽이니 나도 그를 죽이는 것"이라고 말하였습니다. 이렇게 곡직을 따지지 않는다면 과부를 침해하고 약한 사람을 위협하는 것일 뿐입니다. 어찌 성현의 경전에 위배됨이 역시 심하지 않겠습니까!《周禮》에 이르기를: "調人은 백성의 원한을 화해시키는 것을 주관합니다. 무릇 살인하였지만 도리에 합당하면 복수하지 못하게 하고 만약 복수하면 그를 처형합니다. 불법으로 보복 살인하는 자가 있으면 국민이 함께 그를 처벌한다."고 되어 있다. 그러니 어찌 부모를 위해 서로 살인할 수 있겠습니까?《春秋公羊傳》에 이르기를: "부친이 처형당하지 말아야 했는데 처형되었으면 아들이 복수할 수 있다. 부친이 처형되는 것이 마땅한 경우에 아들이 다시 복수한다면, 이는 서로 죽이는 것이 그치지 않으니, 이런 복수는 그 폐해가 사라지지 않는다."라고 했습니다. 지금 만약 이 원칙에 근거하여 조사온과 서원경 쌍방의 살인시비를 판단한다면 예법에 합당할 것입니다. 또한 복수를 잊지 않은 것은 효도입니다. 목숨을 아끼지 않은 것은 의로움입니다. 원경은 예법을 넘어서지 않고 효도를 실천하고 의를 위하여 죽을 수 있었으니, 그는 필히 이치에 통달하고 도를 깨달은 인물입니다. 어찌 이런 이가 국법을 적으로 삼아 복수하겠습니까? 그러나 진자앙 등은 도리어 그를 처형할 자로 여기고 형법을 더럽히며 예법을 파괴하였으니, 이를 표준으로 삼을 수 없음이 분명합니다.

청하옵건대, 신의 논의를 법령에 덧붙여 이 안건을 심판하는 이가 진자앙의 의견에 따라 처리하지 않도록 해 주십시오. 삼가 논의 드립니다.

◈ 작품 감상 및 분석

'議' 또는 '駁議'는 반박적이면서 변론적인 문체로 당송 고문가가 쓴 駁議文 가운데 이 문장이 제일 유명하다. 이 작품은 유종원이 禮部員外郎의 관직에 있을 때 임금에게 올린 상소문으로 내용은 陳子昂의 〈復讐議〉를 반박한 것이다. 곧 한 살인사건에 대하여 禮와 法의 역할과 통일성을 둘러싸고 철저하게 분석하고 상대방의 잘못된 건의사항을 반박하였다. 그리고 자기의 의견을 논술하였는데 설득력이 뛰어나다.

먼저 徐元慶이 아버지의 원수를 보복하여 살인을 하고 자수를 하였다. 이 사건을 처리하는데 있어 진자앙은 "그를 사형에 처하고 그의 집 길 어귀에 정문을 세워 표창하고 또 그 일을 법령에 넣어 영원히 국법의 준칙으로 삼기를 청합니다."(誅之而旌其閭, 且請編之於令, 永爲國典)라고 건의 하였는데 유종원은 잘못된 건의라고 분명하게 논리적으로 표현하였다. 진자앙의 건의는 서원경이 사형에 처해졌기에, 그가 거주하던 마을에 패방(牌坊)을 세우고 편액을 하사하는 방식으로 표창하는 것 이었다. 그의 이론 관점은 "禮와 法이 한 쪽에 쏠릴 수 없기에 법을 준수해야하고 예를 지켜야한다." 고 하였다. "聖人之制"로부터 예와 법은 마땅히 결합해야하는 견해를 끌어내어 진자앙이 건의한 모순과 위험을 드러내보였는데 문필이 날카롭고 핵심을 찌른다.

작가는 경전인 《周禮》와 《春秋公洋傳》을 인용하여 쌍방의 원수보복의 시시비비는 예의에 부합되지만, 그러나 진자앙의 건의를 부정하였다. 작자는 서원경의 이런 복수사건에 대하여 반드시 심도 깊게 조사를 해서 시시비비를 밝혀내어야만 法과 禮의 功用이 분명해질 수 있다고 하였다. 그리고 결론으로 서원경의 합리적인 행동을 긍정적으로 파악하고 진자앙의 잘못된 건의를 반박하였다.

桐葉封弟辯

古之傳者有言,[1] 成王以桐葉與小弱弟,[2] 戲曰: "以封汝." 周公入賀. 王曰: "戲也." 周公曰:[3] "天子不可戲." 乃封小弱弟於唐.[4]

吾意不然. 王之弟當封耶? 周公宜以時言於王, 不待其戲而賀以成之也; 不當封耶? 周公乃成其不中之戲,[5] 以地以人與小弱弟者爲之主, 其得爲聖

1) 傳者(전자) : 역사서를 편찬한 사람.
2) 成王(성왕) : 周나라 武王의 아들로 성은 姬, 이름은 誦이다. 桐葉 : 주나라 성왕은 오동나무 잎을 玉圭의 모양으로 오려서 막내 동생 叔虞에게 건네며 '이것은 너에게 封하는 거야.'라고 말하였다. 圭는 위가 뾰족하고 아래가 네모진 긴 모양의 玉器. 고대 임금이 신하에게 分封할 때 증거로 삼아 사용하였다. 성왕이 어렸기에 이런 유희를 하였다.
3) 周公(주공) : 주나라 文王의 아들이고, 武王의 동생이다. 성은 姬, 이름은 旦이다. 무왕이 죽은 후 성왕이 즉위하였지만 나이가 어려서 주공이 그를 보좌하여 나라를 다스렸다. 후에 유학자들이 성인으로 존중하였다.
4) 唐(당) : 옛날 나라 이름으로 현재 山西省 翼城縣.
5) 中 : 합당하다.

乎? 且周公以王之言, 不可苟焉而已, 必從而成之耶? 設有不幸, 王以桐葉戲婦寺,[6] 亦將擧而從之乎? 凡王者之德, 在行之何若. 設未得其當, 雖十易之不爲病; 要於其當,[7] 不可使易也, 而況以其戲乎? 若戲而必行之, 是周公敎王遂過也.[8]

吾意周公輔成王, 宜以道, 從容優樂, 要歸之大中而已,[9] 必不逢其失而爲之辭,[10] 又不當束縛之, 馳驟之, 使若牛馬然,[11] 急則敗矣. 且家人父子尙不能以此自克,[12] 況號爲君臣者耶? 是直小丈夫缺缺者之事,[13] 非周公所宜用, 故不可信.

或曰: 封唐叔,[14] 史佚成之.[15]

---

6) 婦寺(부시) : 妃嬪과 환관.
7) 要(요) : 그것을 총괄하다.
8) 遂過(수과) : 잘못을 저지르다.
9) 大中 : 지나치거나 모자라지 않고 지극히 적당한 경지. 이것은 유종원 마음속의 도덕원칙임.
10) 逢(봉) : 영합하다. 辭 : 말하다.
11) 使(사) : (남을)부리다. 혹사하다.
12) 克(극) : 억제하다. 자제하다. 단속하다.
13) 直(직) : 단지. 缺缺(결결) : 잔꾀, 약삭빠른 행위.
14) 唐叔(당숙) : 숙우가 당 지역에 봉해졌기에 당숙이라 하였다.
15) 史佚(사일) : 주나라 사관 尹佚.《史記 · 晋世家》에 의하면 사일이 주나라 성왕을 재촉하여 숙우를 唐지역에 봉하는 것을 이루어지게 하였다.

◈ 동엽봉제변 번역

옛날에 역사를 편찬하던 사람이 기술한 것에 다음과 같은 것이 있다. 成王이 어린 동생에게 오동잎을 주며 장난으로 말하기를: "이것으로 너를 봉하노라"고 하였다. 周公이 듣고 들어와 축하하였는데 왕이 이르기를: "장난이었소"라고 하자, 주공이 이르기를: "천자는 장난할 수 없습니다."라고 하였다. 이에 성왕은 어린 동생을 唐지방의 제후로 봉하였다.

나는 그렇지 않다고 생각한다. 왕의 아우는 응당 봉해야 했던가? 주공은 마땅히 제때에 왕에게 진언해야지, 장난할 때를 기다려 축하함으로써 이 일을 성사시킬 수는 없다. 마땅히 봉하지 말아야 하는가? 주공은 합당하지 않는 장난이 사실로 되어서 땅과 백성을 어린 동생에게 주어, 그가 唐 지방의 주군이 되었다. 어찌 그를 성인이라 할 수 있겠는가? 또 주공은 成王의 말이 구차해서는 안 된다고 여겼을 뿐이었으니, 어찌 꼭 말대로 행하려고 하는가? 만약 불행히도 成王이 오동잎으로 妃嬪이나 환관과 장난하였다고 하여도 그의 뜻대로 처리했겠는가? 무릇 왕의 덕은 어떻게 행하는가에 달렸다. 만약 타당하지 않다면 비록 열 번을 바꾸어도 잘못이 되지 않는다. 핵심은 타당성에 있으니, 타당하다면 바꾸게 해서는 안 된다. 하물며 군주의 장난의 말을 진실로 알아 처리하는 것에서야! 장난이었는데도 반드시 실행시켰다면, 이는 주공이 왕에게 잘못을 저지른 것이다.

내 생각에 주공은 성왕을 보좌하면서 마땅히 도리에 따라 너그럽고 부드럽게 大中의 도에 합하였을 따름이지, 결코 그 실수에 영합하여 말을 만들어내지 않았을 것이다. 또 그를 속박하고 몰아세워서 소나 말처럼 부리지는 말아야 한다. 급하면 일을 그르친다. 가정의 부자지간이라도 그렇게 제약할 수 없으니, 하물며 군신간의 경우에서야! 이것은 단지 잔꾀나 부리는 소인배의 일로서, 주공이 마땅히 할 일은 아니니, 그래서 믿을 수 없다.

어떤 사람이 말하길: "성왕이 唐叔을 唐에 封한 것은 史佚이 성사시켰다"고 한다.

◈ 작품 감상 및 분석

본문은 옛날로 부터 전해지는 成王과 周公의 대화를 통하여 임금이 농담을 하거나 말을 잘못할 때 신하된 자는 "만약 타당하지 않으면 비록 열 번을 바꾸어도 잘못이 되지 않는다."(設未得其當, 雖十易之不爲病)고 했는데 이것은 당시 봉건사회에서 임금의 권위에 대한 도전이라고 볼 수 있다.

이 문장은 "戲"자로 논술을 전개하였다. 제후를 세우고 분봉하는 일은 成王의 戲言에서 나오면 안되고, 성왕이 이미 그 말을 농담이라고 설명했으면 주공은 "천자는 장난할 수 없다."(天子不可戲)를 고집해서는 안된다. 동생에게 농담을 해서 다행이지, 만약 비빈이나 환관에게 하여도 실행에 옮기겠는가?

두 번째 단락은 "나는 그렇지 않다고 생각한다."(我意不然)

고 결연하게 표현하였다. "응당 봉해야 했던가?"(當封)와 "마땅히 봉하지 말아야 하는가?"(不當封) 두 국면이지만 이러한 大事는 成王이 농담할 때 결정해서는 안된다. "마땅히 봉하면"(當封) 周公이 "장난할 때를 기다리지 않고"(不待其戲), "마땅히 봉하지 않으면"(不當封) 주공은 "합당하지 않은 장난이 사실이 된 것"(成其不中之戲)이다. 두 방면에서 살펴보아서 만약 주공이 이와 같이 했다면 무슨 성인이라고 칭할 수 있겠는가? 이런 질문 하에 자연스럽게 말할 수 있는 것은 "我意不然"이다. 작가는 또한 "무릇 왕의 덕은 어떻게 행하는가에 달려있다." (凡王者之德, 在行之何若)에 본문의 중심 논점을 표현하고 조정에서 환관들이 정치에 관여한 것을 풍자하였다.

세 번째 단락에서 작가는 본인의 정치주장을 분명하게 밝혔는데 곧 "大中의 도에 합하였을 따름" (要歸之大中而已)이며, 곧 "주공이 마땅히 할 일이 아니니 그래서 믿을 수 없다."(非周公所宜用, 故不可信)는 것이다. 이것은 곧 성왕이 오동잎으로써 동생에게 봉읍을 내렸다는 것은 사실이 아니라는 의미이다.

유종원이 언급하는 "大中의 道"는 시세의 변화를 알고 실정에 따라 대책을 세우는 것인데, 곧 유종원 史事의 정치 원칙과 도덕 규범이다. 작가는 표면적으로는 사료의 진위를 판별하는 것 같지만 실제적으로는 史事의 시비를 변론하는 것이다. 그리고 작가는 대범하게 "천자는 장난할 수 없다"(天子不可戲)를 부정하고 작가의 분명한 정치 주장을 천명하였다. "王者之德"은 제왕을 보좌하고 大中의 道에 돌아와야 한다고.

鈷鉧潭西小丘記

得西山後八日, 尋山口西北道二百步,[1] 又得鈷鉧潭.[2] 潭西二十五步, 當湍而浚者爲魚梁.[3] 梁之上有丘焉, 生竹樹. 其石之突怒偃蹇,[4] 負土而出, 爭爲奇狀者, 殆不可數.[5] 其嶔然相累而下者,[6] 若牛馬之飮於溪; 其衝然角列而上者,[7] 若熊羆之登於山.[8]

---

1) 尋(심) : …을 따라서. 道: 걸어서 가다.
2) 鈷鉧潭(고무담) : 서산의 서쪽, 현재 湖南省 零陵縣 교외 柳侯祠 부근의 愚溪에 위치해 있다. 鈷鉧: 인두, 다리미. 연못의 모습이 다리미 모양이어서 이름으로 취하였다.
3) 湍(단) : 급류. 浚(능) : 깊다. 魚梁(어량) : 한 곳으로만 흐르도록 물길을 막은 뒤에, 그곳에 통발을 놓아 고기를 잡는 장치.
4) 突怒(돌노) : 우뚝 솟은 모양. 偃蹇(언건) : 높이 솟은 모양.
5) 殆(태) : 거의.
6) 嶔然(금연) : 바위가 우뚝 솟은 모양. 相累 : 서로 중첩되다.
7) 衝然(충연) : 위로 찌르는 모양. 角列 : 짐승의 뿔이 나란히 배열한 것 같다.

丘之小不能一畝,[9] 可以籠而有之.[10] 問其主, 曰: "唐氏之棄地, 貨而不售."[11] 問其價, 曰: "止四百." 余憐而售之.[12] 李深源、元克己時同游,[13] 皆大喜, 出自意外. 卽更取器用,[14] 鏟刈穢草,[15] 伐去惡木, 烈火而焚之. 嘉木立, 美竹露, 奇石顯. 由其中以望, 則山之高, 雲之浮, 溪之流, 鳥獸之遨遊, 擧熙熙然迴巧獻技,[16] 以效玆丘之下.[17] 枕席而臥,[18] 則淸冷之狀與目謀,[19] 瀯瀯之聲與耳謀,[20] 悠然而虛者與神謀,[21] 淵然而靜者與心謀.[22] 不匝旬而得異地者二,[23] 雖古好事之士,[24] 或未能至焉.

---

8) 羆(비) : 곰의 일종으로 곰 보다 크다.
9) 不能 : 不足.
10) 籠(농) : 동사로 사용되어, 삼태기에 챙겨놓다.
11) 貨(화) : 팔다. 不售(불수) : 팔리지 않다.
12) 憐(련) : 사랑하다. 售(수) : 사들이다. 고대에서는 파는 것과 사는 것을 모두 "售"라 하였다.
13) 李深源、元克己 : 유종원 친구.
14) 更 : 돌아가면서 하다. 器用(기용) : 호미, 낫 등의 농기구.
15) 刈(예) : 베다. 穢草(예초) : 잡초.
16) 擧 : 모두. 熙熙然 : 즐거운 모양. 迴巧獻技(회교헌기) : 각종 기교 재능을 나타내다.
17) 效(효) : 드리다. 바치다. 玆(자) : 이에, 이.
18) 枕席而臥(침석이와) : 바위를 베개 삼고, 땅을 자리로 삼고 눕다.
19) 冷 : 맑다. 謀(모) : 合. 객관적인 경치와 사람의 감정이 조화를 이루다.
20) 瀯瀯(영영) : 물이 졸졸 흐르는 소리.
21) 悠然而虛(유연이허) : 유유자적하고 여백이 있는 듯 신묘한 경지.
22) 淵然(연연) : 깊숙하고 고요한 모양.

噫! 以茲丘之勝, 致之灃、鎬、鄠、杜,[25] 則貴游之士爭買者, 日增千金而愈不可得. 今棄是州也, 農夫漁夫過而陋之. 賈四百,[26] 連歲不能售. 而我與深源、克己獨喜得之. 是其果有遭乎! 書於石, 所以賀茲丘之遭也.

◈ 고무담서소구기 번역

西山을 발견한 후 8일 만에 산의 입구를 따라 서북쪽으로 200 보 걸어가서 또 고무담(鈷鉧潭)을 발견하였다. 고무담에서 서쪽으로 25 보를 가니, 물살이 급하고 깊은 곳에 고기를 잡을 수 있는 댐이 있었다. 댐 위쪽에 언덕이 있는데 대나무가 자라고 있었다. 그 언덕의 우뚝 솟은 바위는 흙이 묻은 채로 땅에서 나와, 다투어 이상한 모양을 한 것 같은 것이 거의 수를 셀 수 없었다. 우뚝 솟아 서로 중첩되어 아래로 향한 것

---

23) 不匝旬(부잡순) : 열흘이 되지 않아. 異地者二 : 고무담과 小丘 두 곳의 기이한 장소

24) 好事之士 : 산수를 매우 좋아하는 사람.

25) 致之(치지) : 옮겨놓다. 灃、鎬、鄠、杜(풍호호두) : 灃 : 현 陝西省 戶縣. 鎬 : 西安市 서남. 鄠 : 섬서성 호현. 杜 : 杜陵, 西安市 동남. 이 네 곳은 서안시 부근으로 당나라 때 권문 귀족들이 거주하며 즐겁게 노는 곳.

26) 賈(고) : 價.

들은 마치 소나 말들이 계곡에서 물을 마시는 것 같았고, 돌출하여 짐승의 뿔처럼 나란히 위로 향한 것들은 마치 곰들이 산을 오르는 거 같았다.

언덕은 작아 한 묘(畝)도 채 안 되어 그것을 삼태기에 담을 수 있을 것 같다. 주인에게 물으니: "당나라 때에 버려진 땅인데 팔려고 해도 팔리지 않습니다."라고 했다. 그 가격을 물으니 "단지 400냥" 이라고 했다. 나는 그 땅을 좋아해서 샀다. 당시에 李深源과 元克己와 같이 유람했는데 크게 기뻐하였고 의외의 수확이라고 여겼다. 그리하여 번갈아 가며 농기구를 사용하여 잡초를 베고 쓸모없는 나무를 베어서 센 불에 태웠다. 그러자 멋진 나무가 서고 아름다운 대나무와 기이한 돌들이 드러났다. 그 가운데에서 바라보니 높은 산과 떠 있는 구름과 흐르는 계곡과 유유히 노는 새 · 짐승이 모두 즐겁게 각종 기교와 재능을 나타내어 이 언덕 아래에 바쳤다. 바위를 베개 삼고 땅을 자리로 삼아 누우니, 곧 맑고 깨끗한 경치가 나와 함께 조화를 이루었다. 졸졸 흐르는 물소리가 귀를 즐겁게 하며, 유유자적하고 여백이 있는 듯한 신묘한 경치가 즐겁게 마음을 끌고, 깊숙한 고요함이 마음에 다가왔다. 열흘이 채 안되어 기이한 두 곳을 얻었으니 옛날에 산수를 좋아했던 사람도 아마 이렇게까지는 못하였으리라. 아! 이 小丘의 아름다운 경치를 장안 부근의 풍(灃) · 호(鎬) · 호(鄠) · 두(杜)지방에 옮겨 놓는다면 유람하기 좋아하는 선비들이 경쟁하며 사거나, 어떤 이가 날마다 비싼 값을 내고 사려고 해도 사기 어려울 것이다. 지금 이 영주에 버려지니, 농부와 어부조차도 지나며 거들떠보지 않고 400냥의 값에도 여러 해 팔리지 않았다. 그러나 나와 심원과 극기만이 유독 이곳 얻은 것을 즐거워한다. 이는 진짜 행운을 만난 것이다. 小丘를 발견한 과정을 바위에 글로 쓰니 이 작은 언덕의 행운의 만남을 축하하기 위해서이다.

◈ 작품 감상 및 설명

본 문장은 〈永州八記〉의 제 3편인데 앞의 문장은 연못(潭)에 관하여 썼고 이 문장은 언덕(丘)에 관하여 서술하였다. 두 편 모두 경치가 독특한 곳으로 서로 25步 떨어진 가까운 곳에 위치해 있다.

문장은 먼저 작은 언덕(小丘)을 발견한 시간과 위치를 소개하고 작은 언덕의 水流가 급하고 깊은 곳, 魚梁에 있는 小丘의 경물을 묘사하였다. 단지 "生竹樹" 세 글자를 사용하여 일반 경물을 개괄하였고, 山石의 특징을 묘사하는데 중점을 두었다. 작은 언덕의 山石은 툭 튀어난 온 것이 분노하고, 자태는 오만하고 등에는 지하에서 올라온 진흙을 멘 것 같고 각종 괴이한 형상을 한 것이 셀 수 없이 많다. 여기에서 작자는 "爭"자로 山石의 품격을 돌출하였다. 진흙 속에 묻혀 완강하게 역경과 투쟁하는 것 같은 것은 작가 자신의 품격을 표현한 것이라 할 수 있다. 山石이 이와 같이 기이하고 또 작은 언덕(小丘)의 둘레는 크기 않아 삼태기에 담을 수 있을 것 같다. 작은 언덕과의 만남은 실제적으로 작가 자신의 만남을 암시하고 있다. 작가는 永州로 유배 와서 버려졌으니 소구의 운명과 아주 비슷한 것이다.

유종원과 친구들이 같이 작은 언덕의 잡초를 뽑고 쓸모없는 나무를 베었다. 그리고 그것들을 태우니 小丘는 본래 모습이 잘 드러났다. 좋은 나무가 서 있고, 아름다운 대나무가 보이고, 기석이 드러났다. "立", "露", "顯" 세 개 동사로 확실하게 쓸모없는 풀과 나무를 없앤 것을 표현하였는데 이 역시 유종원이 조정을 개혁하는 주장과 이상을 암암리에 묘사한 것이라고 볼 수 있다. 小丘에서 돌을 베고 누우면 눈이 닿는 곳은 아름다운 경치이고, 귀로 잔잔한 물소리를 들어 정신적으로 편안한 호연지기를 느끼고, 심령은 안정적인 느낌을 받는다. 작가는 버려진 山石의 모습을 보고서는 불편한 심기를 드러내다가 정돈한 후의 小丘를 보고 마음의 안정을 찾았다.

마지막 단락은 작가의 마음을 표현하는 것으로 한 小丘가 번화한 곳에 있다면 한가한 귀족 자제들이 다투어 구매하겠지만, 현재는 편벽한 곳에 방치되어 농부와 어부 조차 그것을 거들떠보지 않는 小丘같은 본인의 처지를 표현한 것이다.

宋淸傳

宋淸, 長安西部藥市人也.[1] 居善藥.[2] 有自山澤來者, 必歸宋淸氏, 淸優主之.[3] 長安醫工得淸藥輔其方, 輒易讎,[4] 咸譽淸. 疾病疕瘍者,[5] 亦皆樂就淸求藥, 冀速已.[6] 淸皆樂然響應, 雖不持錢者, 皆與善藥, 積券如山,[7] 未嘗詣取直.[8] 或不識遙與券, 淸不爲辭. 歲終, 度不能報,[9] 輒焚券, 終不復言. 市人

1) 長安西部藥市 : 당나라 長安에는 동부와 서부, 두 개의 시장이 있는데 서부가 번성한 곳이다.
2) 居 : 쌓아놓다.
3) 優主之(우주지) : 그들을 잘 대접하다. 主 : 主持.
4) 讎(수) : 售(수), 팔다.
5) 疕瘍(비양) : 머리의 종기.
6) 已 : 그치다. 퇴치하다.
7) 券(권) : 외상 증서.
8) 詣(예) : 가다.
9) 度(도) : 예측하다. 추정하다. 報(보) : 상환하다.

以其異, 皆笑之, 曰: "淸, 蚩妄人也."[10] 或曰: "淸其有道者歟?" 淸聞之曰: "淸逐利以活妻子耳, 非有道也, 然謂我蚩妄者亦謬."

淸居藥四十年, 所焚劵者百數十人, 或至大官, 或連數州, 受俸博,[11] 其餽遺淸者,[12] 相屬於戶.[13] 雖不能立報, 而以賒死者千百,[14] 不害淸之爲富也. 淸之取利遠, 遠故大. 豈若小市人哉, 一不得直,[15] 則怫然怒,[16] 再則罵而仇耳. 彼之爲利, 不亦翦翦乎![17] 吾見蚩之有在也. 淸誠以是得大利, 又不爲妄, 執其道不廢,[18] 卒以富. 求者益衆, 其應益廣. 或斥棄沉廢,[19] 親與交; 視之落然者,[20] 淸不以怠, 遇其人, 必與善藥如故. 一旦復柄用,[21] 益厚報淸. 其遠取利, 皆類此.

---

10) 蚩妄人(치망인) : 바보.
11) 博(박) : 많다.
12) 餽遺(궤유) : 보내다.
13) 屬(촉) : 연잇다.
14) 賒(사) : 빚지다.
15) 直(직) : 値. 가치, 가격.
16) 怫然(불연) : 발끈 화를 내는 모양.
17) 翦翦(전전) : 기량이 얕고 좁은 모양.
18) 執其道 : 그의 경영방법을 견지하다.
19) 斥棄沉廢(척기침폐) : 좌천되거나 면직되다.
20) 落然(낙연) : 빈곤하여 초라한 모양.
21) 柄用(병용) : 권력.

吾觀今之交乎人者, 炎而附,[22] 寒而棄,[23] 鮮有能類淸之爲者.[24] 世之言, 徒曰:[25] "市道交".[26] 嗚呼! 淸, 市人也, 今之交有能望報如淸之遠者乎? 幸而庶幾, 則天下之窮困廢辱得不死亡者衆矣, "市道交" 豈可少耶? 或曰: "淸, 非市道人也." 柳先生曰: "淸居市不爲市之道, 然而居朝廷、居官府、居庠塾鄕黨以士大夫自名者,[27] 反爭爲之不已, 悲夫! 然則淸非獨異於市人也."

◈ 송청전 번역

宋淸은 장안 서부 약재 시장의 상인인데 좋은 약재를 쌓아 놓고 있었다. 산이나 호수지에서 약재를 가져오는 이는 반드시 송청에게 찾아왔고 송청도 그들을 접대하였다. 장안의 의사들은 송청의 약재로 처방하여 조제하면 팔기 쉬웠으므로

22) 炎(염) : 뜨겁다. 권세가 대단하다.
23) 寒(한) : 가난하고 초라하다.
24) 鮮(선) : 드물다. 爲: 행위, 방법.
25) 徒(도) : 다만.
26) 市道交 : 상인 간의 친분.
27) 庠塾(상숙) : 고대 학교 명칭. 옛날에 25 가구는 '閭'라 하고, 마을에 '塾'을 세워 향민에게 글을 가르쳤다. 500 가구는 '黨'이라 하여 '庠'을 세워 백성들을 교화하였다.

모두들 송청을 칭찬하였다. 병이 나거나 머리에 종기가 생긴 사람 역시 모두 즐거이 송청에게 와서 약재를 구해 빨리 낫기를 바랐다. 송청은 모두에게 유쾌하게 응하였으니 비록 돈을 가지고 오지 않은 이에게도 모두 좋은 약재를 주어서 외상 증서가 산처럼 쌓였다. 그러나 그는 빚을 받으러 찾아간 적이 없었다. 어떤 모르는 사람이 멀리서 와 외상을 하여도 송청은 거절하지 않았다. 연말이 되어 갚지 못할 외상을 예상하고 깨끗이 그 증서를 태워버리고 끝내 다시 말을 하지 않았다. 시장 사람들은 그 남다른 행위에 모두 비웃으며 말하길: "송청은 바보다"라고 하였고, 어떤 사람은 "송청은 도를 터득한 사람일 거야"라고도 말했다. 송청은 그런 말을 듣고 말하길: "나는 이익을 추구해 처자를 먹여 살릴 뿐이지 도를 터득한 것은 아니다. 그러나 나를 바보라고 하는 것도 역시 틀렸다."고 하였다.

송청은 약재상을 한 지 사십 년이 되어 외상증서를 태운 것이 수 백 장이 되었다. 어떤 이는 고관이 되었고 어떤 이는 여러 州를 관할하며 많은 봉록을 받기도 하였으니, 송청에게 선물을 보내는 사람들이 문 앞에 이어졌다. 비록 갚을 수 없어 빚을 진 채로 죽는 이도 수백 수천 명이 되었지만 송청이 부자가 되는 데에는 방해가 되지 않았다. 송청의 이익 추구는 멀리 내다보는 것이었고 멀리 보아서 이익은 더 컸다. 어찌 시시한 시장 사람과 같겠는가? 그들은 처음 빚을 받지 못하면 발끈 화를 내고 두 번째에는 욕을 하며 원수로 여길 뿐이다. 그러니 그들의 이익 추구는 역시 너무 기량이 얕고 좁지 않은가! 내가 보기에 바보는 곧 몰인정한 상인이다. 청은 진실로 이로써 큰 이익을 얻었고 멋대로 하지 않았으며, 그 방법을 견지하고 버리지 않아 마침내 부자가 되었다. 찾아오는 손님은 더욱 많아지고 상대하는 범위도 더욱 넓어졌다. 어떤 관리가 좌천되거나 면직되어도 원래대로 친히 왕래하였다. 보기에 가난하고 초라한 사람에게도 송청은 소홀히 하지 않고 그들을 만나면 반드시 예전처럼 좋은 약을 주었다. 그들이 일단 다시 권력을 잡으면 더욱 후하게 송청에게 보답하였다. 그가 멀리 이익을 취하는 방식은 이와 같았다.

내가 오늘날 사람들 사귀는 것을 보면 사람의 권세가 대단하면 영합하고, 사람이 가난하고 초라하면 버리니 송청과 같은 행위를 하는 사람은 드물다. 세간에선 단지 "상인 간의 친분"라고만 말한다. 아! 송청은 시장 사람이지만 오늘날의 교유 가운데 송청 같이 보답을 그렇게 멀리 바라볼 수 있는가? 만약 다행히 그와 비슷하다면 천하에 곤궁하고 버려져 모욕을 당해도 죽지 않을 사람이 많을 것이다. 어찌 "시장에서의 교유"를 업신여길 것인가? 어떤 사람이 말하길: "송청은 시장 사람이 아니다."라고 한다. 유선생이 말하길: "송청은 시장에서 장사하지만 시장의 짓거리를 따르지 않는다. 그러나 조정에 자리 잡거나 관청에 자리 잡고, 또 각종 학교나 마을에 살면서 스스로 사대부라고 부르는 자들이 반대로 앞 다투어 그런 짓거리를 하며 그치지 않으니 슬픈 일이다. 그런즉 송청은 시장 사람에서 유독 특이한 것이 아니다."

◈ 작품 감상과 분석

유종원은 6편의 傳記 가운데 고위관리나 유명인물에 대한 傳記를 쓴 것은 없고, 한 편의 우언을 제외하고는 모두 일반 시민을 대상으로 하였다.

먼저 宋淸이라는 이가 長安에서 약재상을 하는데 좋은 약재를 구하고 좋은 약재를 공급하기에 환자와 의사들에게 유명한 인물이 되었다. 宋淸은 면식이 없는 자와 빈곤한 자들에게도 똑같이 좋은 약재를 공급하였다. 심지어는 외상증서를 받고서도 좋은 약재를 공급하였는데 연말이 되어 갚지 못하는 빈민자들의 외상증서를 불태우고는 다시 거론하지 않았다. 이런 일을 본 주위 사람들은 "멍청한 사람이 아니면 도를 터득한 사람이라"고 평가하였지만 송청은 다만 "利益을 추구해 처자를 먹여 살리는 사람" (逐利以活妻子)이라고 단순 간단하게 표현하였다. 송청이 약재상을 한 지 사십 년이 되어 외상증서를 태운 것이 수 백 장이 되었는데, 어떤 이는 고관이 되기도 했고 어떤 이는 여러 州를 관할하며 많은 봉록을 받기도 하였다. 송청에게 진 빚을 잊지 않고 선물을 가져오는 이들로 문전성시를 이루었다. 비록 갚지 못하고 빚을 진 채로 죽는 이도 수백 수천 명이 되었지만 송청이 부자가 되는 데에는 방해가 되지 않았다. 송청의 이익 추구는 멀리 내다보는 것이어서 이익은 더 컸다. 근시안으로 장사하는 시시한 장사꾼이 아닌 도리를 아는 인물이라고 격찬을 하였다. 마지막으로 유종원은 마음속의 가장 절실한 말들을 다음과 같이 표현하였다. "송청은 시장에서 장사하지만 시장의 짓거리를 따르지 않는다. 그러나 조정에 자리 잡거나 관청에 자리 잡고, 또 각종 학교나 마을에 살면서 스스로 사대부라고 부르는 자들이 반대로 앞 다투어 그런 짓거리를 하며 멈추지 않으니 슬픈 일이다."고 하여 당시 지위가 높은 사람들의 비열하고 후안무치한 모습들을 신랄하게 풍자하였다.

種樹郭橐駝傳

郭橐駝,[1] 不知始何名. 病僂,[2] 隆然伏行,[3] 有類橐駝者,[4] 故鄕人號之"駝". 駝聞之曰: "甚善, 名我固當." 因捨其名, 亦自謂"橐駝"云. 其鄕曰豐樂鄕, 在長安西. 駝業種樹, 凡長安豪富人爲觀游及賣果者, 皆爭迎取養. 視駝所種樹, 或移徙,[5] 無不活, 且碩茂,[6] 蚤實以蕃.[7] 他植者雖窺伺傚慕,[8] 莫能如也.

有問之,[9] 對曰: "橐駝非能使木壽且孳也,[10] 能

1) 橐駝(탁타) : 낙타. 여기에서는 등이 굽을 것을 표현.
2) 病僂(병루) : 곱사등이병을 앓다.
3) 隆然(융연) : 등이 융기한 모양. 伏行(복행) : 허리를 굽히고 다니다.
4) 類(유) : 像, 닮다.
5) 移徙(이사) : 이식하다.
6) 碩茂(석무) : 크고 무성하다.
7) 蚤(조) : 일찍. 以 : 而. 蕃(번) : 多.
8) 窺伺傚慕(규사효모) : 몰래 보고 모방하다.

順木之天,[11] 以致其性焉爾.[12] 凡植木之性, 其本欲舒,[13] 其培欲平,[14] 其土欲故,[15] 其築欲密.[16] 旣然已,[17] 勿動勿慮, 去不復顧.[18] 其蒔也若子,[19] 其置也若棄, 則其天者全,[20] 而其性得矣. 故吾不害其長而已, 非有能碩而茂之也; 不抑耗其實而已,[21] 非有能蚤而蕃之也. 他植者則不然, 根拳而土易,[22] 其培之也, 若不過焉,[23] 則不及.[24] 苟有能反是者,[25] 則又愛之太恩, 憂之太勤. 旦視而暮撫, 已去而復顧, 甚者爪其膚以驗其生枯,[26] 搖其本以觀其疏密, 而木之

---

9) 有 : 어떤 사람이. '有人'의 생략형이다.
10) 孳(자) : 잘 번식하다.
11) 天 : 天性.
12) 致其性 : 마음껏 발전하게 하다. 焉爾(언이) : 단지 …일 뿐이다.
13) 本 : 根, 뿌리. 舒 : 펴지다.
14) 培欲平(배욕평) : 培土(북돋는 흙)는 균등하게하다.
15) 故(고) : 원래의 것.
16) 築(축) : 다지다. 密(밀) : 촘촘하다. 단단하다.
17) 旣然已 : 이미 이렇게 된 이후에는.
18) 去不復顧 : 떠나서는 다시 뒤돌아보지 않는다.
19) 蒔(시) : 모종을 내다.
20) 天者全 : 자연의 성장 발육의 규칙은 보존하고 손상시키지 않는다.
21) 抑耗(억모) : 억제하거나 감소하다.
22) 拳(권) : 굽히다. 易 : 바꾸다.
23) 過(과) : 너무 많다.
24) 不及 : 모자라다.
25) 反是者 : 위에서 언급한 상황과 상반되다.
26) 爪(조) : 抓(조), 긁다. 膚(부) : 나무껍질. 生枯(생고) : 살았는지 죽었는지.

性日以離矣. 雖曰愛之, 其實害之; 雖曰憂之, 其實讎之, 故不我若也,[27] 吾又何能爲哉!"

問者曰: "以子之道, 移之官理,[28] 可乎." 駝曰: "我知種樹而已, 理,非吾業也. 然吾居鄕, 見長人者,[29] 好煩其令, 若甚憐焉, 而卒以禍.[30] 旦暮吏來而呼曰: '官命促爾耕,[31] 勖爾植,[32] 督爾穫, 蚤繅而緖,[33] 蚤織而縷,[34] 字而幼孩[35], 遂而雞豚.'[36] 鳴鼓而聚之, 擊木而召之. 吾小人輟飧饔以勞吏者,[37] 且不得暇, 又何以蕃吾生而安吾性耶? 故病且怠.[38] 若是, 則與吾業者其亦有類乎?"

問者曰: "嘻, 不亦善夫! 吾問養樹, 得養人術."[39]

---

27) 不我若 : '不若我'의 도치문으로 곧 '不如我.'
28) 官理(관리) : 官治. 당나라 高宗 李治를 避諱한 것.
29) 長人者 : 사람들의 우두머리가 된 사람. 관리.
30) 卒以禍(졸이화) : 마침내 백성들에게 재난을 가져오다.
31) 爾(이) : 너.
32) 勖(욱) : 힘쓰다.
33) 繅(소) : (누에고치에서) 실을 켜다. 而 : 너. 爾와 같음. 緖(서) : 실마리.
34) 縷(루) : 실, 명주.
35) 字 : 양육하다.
36) 遂(수) : 성장시키다.
37) 輟(철) : 그치다. 飧(손) : 저녁밥. 饔(옹) : 아침밥. 勞 : 위로하다. 접대하다.
38) 病 : 고통스럽다. 怠(태) : 피곤하다.
39) 養人術(양인술) : 백성을 다스리는 방법.

傳其事以爲官戒也.[40)]

◈ 종수곽탁타전 번역

곽탁타(郭橐駝)는 원래 이름이 무엇인지 모른다. 곱사병을 앓아 등이 불룩하고 허리를 굽히고 다녀 그 모습이 낙타와 같기에 고향사람들이 낙타(駝)라고 불렀다. 그도 듣고는 "매우 좋다. 내 이름으로 진실로 적합하다" 하고 본래 이름을 버리고 스스로도 낙타라고 하였다. 그의 고향은 豊樂鄕으로 장안의 서쪽이다. 타는 나무 심는 일을 했는데 장안의 부자 중에 정원을 시공하는 사람과 과일 파는 사람들이 모두들 다투어 그를 모셔서 고용하고자 하였다. 곽탁타가 심은 나무나 옮겨 심은 것을 보면 죽는 것이 없으며 또 크고 무성하며 일찍 그리고 많은 열매를 맺었다. 다른 나무 심은 사람들이 비록 몰래 보고 모방하였지만 아무도 그와 같지는 못하였다.

누군가가 물으니 그는 대답하기를: "제가 나무를 오래 살고 번식시킬 수 없습니다. 나무의 천성에 따라 그 본성대로 자라도록 할 수 있을 뿐 입니다. 무릇 나무의 본성이란 그 뿌리는 펴지기를 바라고 배토는 고르기를 바라며 흙은 원래의 것을 바라고 다지기는 촘촘하기를 바랍니다. 이미 이렇게 된 이후

---

40) 傳(전) : 기재하다.

에는 건들이지도 염려하지도 않으며 떠나서는 다시 뒤돌아보지 않습니다. 심을 때는 자식같이 대하고 방치할 때는 버린 듯이 하면 자연의 성장 발육의 규칙은 보전되고, 본성대로 자랍니다. 그러므로 저는 그 성장을 해치지 않을 따름이지, 크고 무성하게 만들 수는 없습니다. 그 열매 맺기를 억제하거나 감소하지 않을 뿐이지 일찍 맺고 많이 맺게 할 수는 없습니다. 다른 나무 심는 사람들은 그렇지 않으니 뿌리는 굽히고 흙은 바꾸며, 배토할 때는 지나치지 않으면 모자랍니다. 만약 위에서 언급한 상황과 상반된 사람이 있으면 또 많이 아끼고 너무 번거로이 걱정하니 아침에 보고 저녁에 어루만지며 이미 떠났다가도 다시 돌아봅니다. 심한 경우에는 껍질에 손톱으로 후벼서 살았는지 죽었는지 검사하고, 뿌리를 흔들어 빽빽한지 성근지 살피니 나무의 활력이 나날이 떨어집니다. 비록 아낀다고 하지만 실은 해치고, 걱정한다고 하지만 실은 원수로 대합니다. 그래서 저만 못한 것입니다. 제가 또 무슨 능력이 있겠습니까!"

물었던 이가 말하길: "그대의 도리를 관가의 다스림에 옮겨 적용해도 되겠는가?" 타가 대답하기를: "저는 나무 심는 것을 알 뿐 입니다. 다스리는 일은 제 직업이 아닙니다. 그러나 제가 마을에 살면서 보니 윗자리에 계신 분들이 끊임없이 명령 내리는 것을 좋아하여 마치 매우 애끼는 것 같지만 마침내 백성에게 재난을 가져옵니다. 아침저녁으로 관리들이 와서 외쳐대기를: '長官이 명령하니 밭 갈기를 재촉하고 파종에 힘쓰며 수확을 재촉하라. 일찍 너희의 실을 뽑고 일찍 천을 짜며 너희의 아

이를 기르고 닭과 개를 기르라.'라고 하였습니다. 북을 두드려 사람들을 모으고 나무토막을 두드려 불러댑니다. 우리들 서민들은 아침식사 저녁식사를 멈추고 관리들을 위로하는 일만으로도 쉴 겨를이 없으니, 또 어떻게 우리의 자손을 늘리고 우리의 생활을 안정시킬 수 있습니까? 그래서 고달프고 피곤합니다. 이와 같다면 제 직업의 경우와도 유사한 점이 있겠지요?"

물었던 이가 말하기를: "옳다, 훌륭하지 않은가! 내가 나무 기르는 것을 물었는데 백성을 다스리는 방법을 배웠다." 이에 그 일을 기록하여 관청의 교훈으로 삼고자 한다.

◈ 작품 감상 및 분석

傳記文의 형식에 따라 작자는 곽탁타 이름의 유래를 먼저 기술하였고 그의 직업인 나무 심는 특성을 서술하였다. 그가 심은 나무는 크고 무성하여 일찍 많은 열매를 맺었는데, 다른 사람들이 몰래 보고 흉내를 내 보았지만 그를 능가하지 못했다. 그것은 그가 경험한 "나무의 천성에 맞춰 그 본성대로 자라도록 할 수 있을 뿐"(能順木之天, 以致其性焉爾.)인 것이다. 소위 "順木之天"은 나무의 자연본성에 순응하는 것이다. 곧 뿌리는 펴지기를 바라고 배토는 두루 고르기를 바라며 흙은 옛것을 바라고 다지기는 촘촘하게 하는 것이다. 그러나 나무를 기르는 다른 사람들은 "비록 사랑한다 말하지만 사실은 해치는 것"(雖曰愛之, 其實害之)으로 나무를 흔들어 보고 나무의 존재를 확인해보기 위해 손톱으로 할퀴는 등 해악을 주어서 나무의 본성에서 멀게 하여 잘 살지를 못했다.

작가는 곽탁타의 말을 빌려 中唐시기 관리들의 실상을 고발하고 고통 받는 백성들의 실상을 폭로하였고, 나무를 심는(種樹) 이치로써 백성을 다스리는(治民) 방법을 비유하였다. 작가는 중당시기의 정치가 어지럽고 정부의 많은 시행령으로 일반 백성들이 안심하고 생활할 수 없음을 겨냥하여, 政令의 하달은 반드시 백성들의 생활과 그들의 형편에 부합하여야만 인간 본연의 모습으로 살 수 있다고 하였다. 곧 "아침저녁으로 관리들이 와서 밭 갈기를 재촉하고 수확을 재촉하니, 어찌 자손을 늘리고 생활을 안정시키겠는가?" 라고 당시의 상황을 직설적으로 표현하였다. 이에 유종원은 "그 일을 기록하여 관청의 교훈으로 삼고자 한다."(傳其事以爲官戒也.)고 이 작품 기술한 목적을 명확하게 밝혔다. 문자는 평이하고 생동적이지만 비유를 통하여 강하게 당시 관리들의 실상을 폭로하고 정치혁신과 治國安民의 강렬한 소망을 표현한 작품이다.

童區寄傳

柳先生曰: 越人少恩,[1] 生男女必貨視之.[2] 自毁齒已上,[3] 父兄鬻賣, 以覬其利.[4] 不足, 則盜取他室,[5] 束縛鉗梏之.[6] 至有鬚鬣者,[7] 力不勝, 皆屈爲僮. 當道相賊殺以爲俗.[8] 幸得壯大, 則縛取么弱者.[9] 漢官因以爲己利,[10] 苟得僮,[11] 恣所爲不問.[12] 以是越中戶

1) 越人(월인) : 광동성, 광서성, 절강성 및 호남성 남부 일대의 토착민. 少恩 : 恩情이 부족하다.
2) 貨視之 : 그들을 재물로 여기다.
3) 毁齒(훼치) : 어린이가 이갈이를 하다. 7, 8세의 어린이를 지칭함.
4) 鬻(륙) : 팔다. 覬(기) : 탐내다.
5) 他室(타실) : 다른 집의 아이.
6) 鉗(겸) : 철사로 목을 묶다. 梏(곡) : 쇠고랑을 채우다.
7) 鬚鬣者(수렵자) : 수염이 있는 사람, 곧 성인.
8) 當道(당도) : 대로에서. 俗(속) : 풍조.
9) 么弱者(요약자) : 어리고 약한 사람.
10) 漢官 : 당나라 때 소수민족 지역에서 근무하는 한족 관리. 因 : 의지하다. 내세우다.

口滋耗,[13] 少得自脫.[14] 惟童區寄以十一歲勝,[15] 斯亦奇矣.[16] 桂部從事杜周士爲余言之.[17]

童寄者, 郴州蕘牧兒也.[18] 行牧且蕘,[19] 二豪賊劫持反接,[20] 布囊其口,[21] 去逾四十里之墟所賣之.[22] 寄僞兒啼, 恐慄爲兒恒狀.[23] 賊易之,[24] 對飮酒醉. 一人去爲市,[25] 一人臥, 植刃道上.[26] 童微伺其睡,[27] 以縛背刃, 力下上,[28] 得絶,[29] 因取刃殺之. 逃未及遠, 市者

---

11) 苟得僮(구득동) : 단지 하인을 얻을 수 있으면.
12) 恣(자) : 방자하다.
13) 滋耗(자모) : 날로 감소하다.
14) 少得自脫 : 이런 경우를 벗어날 수 있는 사람은 적다.
15) 勝(승) : 벗어나는 것을 성공하다.
16) 斯(사) : 이것.
17) 桂部(계부) : 당시 桂官經略觀察使가 관할한 지역. 현 桂林을 중심으로 동북 일대. 從事: 관명. 지방장관의 보좌관. 杜周士 : 당나라 德宗 貞元 17년 (801년) 진사가 되었다. 元和 년간 (806-820)에 계관종사로 근무하였는데, 곧 계관경략관찰사의 보좌관이다.
18) 郴州(침주) : 현 광서성 柳州市. 蕘牧兒(요목아) : 장작을 패거나 소치는 아이.
19) 行 : …을 하면서.
20) 豪賊(호적) : 강도. 劫持(겁지) : 납치하다. 反接: 뒷짐결박을 하다.
21) 囊(낭) : 주머니. 여기서는 '가리다'는 동사로 사용.
22) 逾(유) : 넘다, 초과하다. 墟所: 시장.
23) 慄(률) : 벌벌 떨다. 恒狀: 일반적인 상태.
24) 易(이) : 경시하다.
25) 爲市 : 살 사람을 찾다.
26) 植(식) : 꽂다. 刃(인) : 칼.
27) 微伺(미사) : 슬며시 엿보며 기다리다.
28) 力下上 : 힘으로 아래위로 마찰하다.
29) 絶(절) : 끊다.

還, 得童大駭. 將殺童, 遽曰:[30] "爲兩郎僮,[31] 孰若爲一郎僮耶?[32] 彼不我恩也.[33] 郎誠見完與恩,[34] 無所不可." 市者良久計曰:[35] "與其殺是僮, 孰若賣之; 與其賣而分, 孰若吾得專焉.[36] 幸而殺彼, 甚善." 卽藏其尸, 持童抵主人所,[37] 愈束縛牢甚. 夜半, 童自轉, 以縛卽爐火燒絶之,[38] 雖瘡手勿憚,[39] 復取刃殺市者. 因大號,[40] 一墟皆驚. 童曰: "我區氏兒也, 不當爲僮. 賊二人得我, 我幸皆殺之矣, 願以聞於官."[41]

墟吏白州,[42] 州白大府, 大府召視,[43] 兒幼愿耳.[44] 刺史顔証奇之,[45] 留爲小吏, 不肯. 與衣裳, 吏護還

---

30) 遽(거) : 급하다.
31) 郎 : 구시대 하인이 주인에 대한 호칭.
32) 孰若(숙약) : 어찌 …와 같으랴, 어떻게 필적할 수 있으랴.
33) 彼不我恩 : 그는 나를 잘 대접하지 않았다.
34) 見完 : 나의 생명을 보존하다.
35) 計(계) : 고려하다. 헤아리다.
36) 得專(득전) : 혼자 얻다.
37) 持(지) : 꽉 붙잡다. 主人所 : 머무는 여관.
38) 卽(즉) : 가까이하다.
39) 瘡手(창수) : 상처 난 손.
40) 號(호) : 울면서 부르짖다.
41) 願以聞於官 : 이 일을 관부에 알리기를 바라다.
42) 墟吏(허리) : 시장을 관리하는 관리. 白 : 보고하다, 알리다. 州 : 주의 우두머리.
43) 大府 : 桂管經略觀察使를 지칭함.
44) 幼愿(유원) : 나이가 어리고 성실하다.
45) 顔証(안증) : 인명으로 元和 초에 계관관찰사 겸 계주자사를 역임

之鄕. 鄕之行劫縛者, 側目莫敢過其門.[46] 皆曰: "是兒少秦武陽二歲,[47] 而計殺二豪, 豈可近耶!"

◈ 동구기전 번역

유선생은 말한다. 越지방 사람은 인정이 부족하여 아들 딸을 낳으면 반드시 그들을 재물로 여겼다. 이를 갈 나이인 7,8세가 되면 아버지나 형이 그들을 팔아서 이익을 챙기었으며, 그래도 부족하면 다른 집 아이를 훔쳐서 포박하고 철사로 목을 묶고 쇠고랑을 채웠다. 심지어 수염이 있는 성인도 힘이 부족하면 모두 굴복되어 종이 되었다. 길에서 서로 해치고 살육하는 것이 사회 풍조가 되었다. 어떤 사람은 어렸을 때 납치되어 다행히 장성하였지만, 어리고 약한 이를 잡아갔다. 소수민족 지역에서 근무하는 한족 관리는 이를 이용하여 자신의 이익을 챙겼으며, 단지 싼값의 종을 얻을 수 있으면 제멋대로 나쁜 짓을 하는 행위를 방치하고 불문에 부쳤다. 이 때문에 월지방의 가구 수는 더욱 줄어들었으며, 그런 경우를 벗어날 수 있

하였다.

46) 側目(측목) : 탄복하여 감히 똑바로 보지 못하다.

47) 秦武陽(진무양) : 전국시대 燕나라 사람으로, 13세에 시장에서 사람을 죽였다. 후에 형가(荊軻)의 보좌관이 되어 진시황을 암살하려고 했으나 성공하지 못했다.

는 사람은 적었다. 오직 區寄 어린이만이 열한 살의 나이에 유괴 당한 후 탈출을 성공하였으니 이것은 역시 기특한 일이다. 桂部의 보좌관이었던 杜周士가 나에 말해 준 것이다.

기 어린이는 유주에서 나무하고 소치는 아이였다. 소치고 나무하는데 두 명의 강도들이 그를 잡아다가 손을 뒤로 묶고 입을 천으로 가리고는 사십 리도 넘는 시장으로 팔러 갔다. 기는 거짓으로 어린애처럼 울고 겁에 떨며 어린이의 일반적인 모습을 하였다. 강도들이 그를 쉽게 여겨서, 마주 앉아 술을 마시고는 취하였다. 강도 하나가 흥정하러 갔고 하나는 누웠는데 길에 칼을 꽂아 두었다. 아이는 살며시 그가 잠들기를 기다려 포승을 칼에 대고 힘으로 아래위로 마찰하여 줄을 끊었다. 그리고는 칼을 잡아 그를 죽였다. 멀리 도망가기 전에 흥정하러 갔던 자가 돌아와 아이를 붙잡고는 크게 놀랐다. 칼을 들고 아이를 죽이려고 할 때 아이가 급히 말하길: "두 주인이 한 명의 종을 공유하는 것이 어찌 한 명의 주인이 한 명의 종을 독점하는 것과 같겠습니까? 그 사람은 나를 대접하지 않았습니다. 주인님이 정말 저를 살려 주시어 은혜를 베푸신다면 무슨 일이라도 당신의 말을 모두 듣겠습니다." 시장에 갔던 도둑이 한참동안 생각하고 말하길: "이 종놈을 죽이는 것 보다 파는 것이 낫겠다. 차라리 팔아서 나누는 것 보다 혼자 가지는 것이 낫겠다. 다행히 그 녀석을 죽였으니 잘됐다." 라고 하였다. 즉시 그 시체를 숨기고 아이를 끌고 그를 살 주인집에 가서는 양손을 단단히 묶어 놓았다. 깊은 밤이 되자 아이는 몸을 굴려 포승을 화롯불에 가까이 하여 태워서 끊었다. 비록 불에 타 상처 난 손이었지만 두려워하지 않고 다시 칼을 잡아 시장 갔던 그 강도를 죽였다. 이어서 울면서 부르짖자 온 시장 사람이 온통 놀랐다. 아이가 말하길: "저는 구씨의 아들입니다. 종이 되는 것은 온당치 않습니다. 강도 두 명이 저를 납치하였는데 제가 다행히 모두 그들을 죽였습니다. 관가에 알리기를 부탁합니다."라고 하였다.

시장의 관리가 州에 알리고 주에서는 상급 관청에 알렸다. 상급 관청에서 그를 불러 보니 아이가 어리고 성실했다. 자사 顔證은 그를 대단하다고 여겨 만류하여 말단 관리로 삼고자 했으나 그는 원하지 않았다. 안증은 그에게 옷을 선물하고 관리가 호송하여 고향으로 돌려보냈다. 고향 일대의 전문 납치범들은 놀라서 감히 똑바로 보지 못하고 그 집 문을 지나가지도 못했다. 모두들 말하기를: "이 아이는 秦武陽 보다 두 살이 어린데도 두 명의 강도를 죽였으니 어찌 가까이 할 수 있는가!"

◈ 작품 감상과 분석

본문은 기지가 넘치는 용감한 소년 區寄의 事迹을 서술하여, 납치범과 투쟁하고 강도를 두려워하지 않는 정신을 찬양하였다.

유종원은 唐 憲宗 元和 10년 (815년) 柳州刺史로 다시 유배 갔는데, 유주 사회는 혼란하고 도적이 횡행하며 관리들의 부정부패가 심했기에, 이에 당시의 사회상을 폭로한 문장이다. 越이라는 지방의 주민들은 아들 딸을 낳으면 반드시 재물로 여겨, 적당한 나이가 되면 그들을 팔아서 이익을 챙기었다. 그것도 부족하여 다른 집의 아이를 납치하여 포박하고 칼과 수갑을 채웠다. 또한 길에서 서로 해치고 살육하는 것이 사회 풍조가 되었는데, 관리는 그러한 행위를 멋대로 방치하고 불문에 부쳤고, 부정한 일로 자신의 이익을 챙겼다. 이 때문에 이 지방의 인구는 더욱 줄어들었고, 이런 악습에서 벗어나기는 아주 힘들었다. 오직 11살의 區寄 어린이만이 이를 극복하였으니 이는 역시 "奇"한 일이다.

區寄 어린이는 유주에서 나무하고 소를 키우는 아이였는데 강도들이 그의 손을 뒤로 묶고 입을 천으로 가리고는 사십 리도 넘는 시장으로 팔려 갔다. 기는 거짓으로 어린애처럼 울고 겁에 떨어 강도를 방심하게 하였다. 아이는 살며시 그가 잠들기를 살펴 포승을 칼에 대고 힘껏 아래위로 움직여 줄을 끊었다. 그리고는 칼을 잡아 그를 죽였다. 이런 상황에서 11살의 어린이는 기지를 발휘하여 위험에서 벗어나고 또 다른 한 명의 범인까지 죽이는 대담성을 보여 사람들이 "奇"하게 여겼다. 그리고 사람이 운집해 있는 시장에서 소리를 질러 말하기를: "종이 되는 것은 마땅치 않습니다. 강도 둘이 나를 납치하였는데 다행히 모두 죽였습니다. 관가에 알려주십시오." 라고 하여 매우 침착하고 기지가 넘치는 모습을 잘 표현하였다. 아울러 당시 사회의 암흑과 정치적인 부패현상을 고발 하는 동시에 세상의 불합리한 것에 분개하고 증오하는 심정을 잘 나타내었다.

梓人傳

裴封叔之第,[1] 在光德里.[2] 有梓人款其門,[3] 願傭隙宇而處焉.[4] 所職,[5] 尋、[6] 引、[7] 規矩、繩墨, 家不居礱斲之器.[8] 問其能, 曰: "吾善度材.[9] 視棟宇之制, 高深、圓方、短長之宜, 吾指使而羣工役焉. 捨我, 衆莫能就一宇.[10] 故食於官府, 吾受祿三倍;

---

1) 裴封叔 : 裴墐, 자는 봉숙, 河東 聞喜(현 山西省 문희)사람으로 유종원의 두 번째 매형이다. 배근은 당나라 德宗 貞元 3년 진사에 합격했고 京兆府參軍, 殿中侍御史 등을 역임하였다. 第 : 관사, 저택.
2) 光德里(광덕리) : 장안 皇城의 서남쪽에 있음.
3) 梓人(재인) : 목수. 款(관) : 敲, 두드리다.
4) 傭(용) : 세들다. 隙宇(극우) : 빈 방. 處(처) : 거주하다.
5) 職(직) : 보유하다, 가지다.
6) 尋(심) : 八尺.
7) 引(인) : 10丈.
8) 居(거) : 비치하다. 礱(롱) : 갈다. 斲(착) : 깎다.
9) 度(도) : 계산하다. 헤아리다.
10) 就(취) : 조성하다.

作於私家, 吾收其直太半焉.” 他日, 入其室, 其牀闕足而不能理,[11] 曰: “將求他工.”[12] 余甚笑之, 謂其無能而貪祿嗜貨者.[13]

其後, 京兆尹將飾官署,[14] 余往過焉. 委羣材,[15] 會衆工. 或執斧斤,[16] 或執刀鋸, 皆環立嚮之.[17] 梓人左持引, 右執杖而中處焉. 量棟宇之任,[18] 視木之能, 擧揮其杖曰: “斧!” 彼執斧者奔而右; 顧而指曰: “鋸!” 彼執鋸者趨而左. 俄而斤者斲、刀者削, 皆視其色,[19] 俟其言, 莫敢自斷者.[20] 其不勝任者, 怒而退之, 亦莫敢慍焉.[21] 畫宮於堵,[22] 盈尺而曲盡其制.[23] 計其毫釐而構大廈, 無進退焉.[24] 旣成, 書

11) 闕(궐) : 缺.
12) 他工 : 다른 목공.
13) 嗜(기) : 좋아하다.
14) 京兆尹(경조윤) : 京兆府(장안 및 그 부근 지역)의 행정장관. 飾(식) : 수선하다.
15) 委(위) : 쌓이다.
16) 斧斤(부근) : 도끼.
17) 嚮(향) : 향하다. 之 : 宰人.
18) 任(임) : 하중.
19) 色(색) : 안색, 눈치.
20) 斷(단) : 결단하다.
21) 慍(온) : 화내다.
22) 宮(궁) : 집, 건물.
23) 曲盡(곡진) : 전반적으로 세밀하다.
24) 進退(진퇴) : 더하거나 줄이다.

於上棟, 曰: "某年某月某日某建", 則其姓字也. 凡執用之工不在列.[25] 余圜視大駭,[26] 然後知其術之工大矣.[27]

繼而歎曰: "彼將捨其手藝,[28] 專其心智, 而能知體要者歟?"[29] 吾聞勞心者役人, 勞力者役於人,[30] 彼其勞心者歟? 能者用而智者謀, 彼其智者歟? 是足爲佐天子、相天下法矣![31] 物莫近乎此也. 彼爲天下者本於人. 其執役者,[32] 爲徒隷,[33] 爲鄕師、里胥;[34] 其上爲下士;[35] 又其上爲中士、爲上士; 又其上爲大夫、爲卿、爲公,[36] 離而爲六職,[37] 判而

---

25) 執用之工(집용지공) : 공구를 다루는 노동자. 用 : 칼, 도끼 등을 가리킴.
26) 圜視(환시) : 둘러보다.
27) 工(공) : 교묘하다.
28) 將(장) : 아마, 혹시.
29) 體要(체요) : 요령.
30) 勞心者役人, 勞力者役於人 : 《孟子 · 滕文公上》에서 나온 구절로 원문은 "勞心者治人, 勞力者治於人" 이다.
31) 相天下 : 재상이 되어 천하 백성을 다스리다. 法: 본받다.
32) 執役(집역) : 직무를 맡다. 몸담다.
33) 徒隷(도례) : 부역을 맡은 사람.
34) 鄕師(향사) : 鄕의 우두머리. 里胥(이서) : 里의 우두머리. 唐代에서는 百戶를 '一里'라 하고, 五里를 '一鄕'이라 하였다.
35) 士(사) : 商나라와 周나라 때 가장 낮은 귀족계층. 춘추시대에는 士는 卿大夫의 가신.
36) 大夫 、卿、公 : 고대 통치계급으로 임금 밑에 경 · 대부 · 사가 있다. 公은 작위명으로 公 · 侯 · 伯 · 子 · 男 다섯 등급의 첫 번째이

爲百役.[38] 外薄四海,[39] 有方伯、連率.[40] 郡有守, 邑有宰.[41] 皆有佐政.[42] 其下有胥吏,[43] 又其下皆有嗇夫、版尹,[44] 以就役焉, 猶衆工之各有執伎以食力也.[45] 彼佐天子相天下者, 擧而加焉,[46] 指而使焉, 條其綱紀而盈縮焉,[47] 齊其法制而整頓焉, 猶梓人之有規矩、繩墨以定制也. 擇天下之士, 使稱其職; 居天下之人, 使安其業. 視都知野,[48] 視野知國, 視國知天下, 其遠邇細大,[49] 可手據其圖而究焉. 猶梓人畫宮於堵而績於成也. 能者進而由之,[50] 使無

며, 諸侯國君의 통칭이기도 하다.

37) 離 : 分. 나누다. 六職 : 六官. 예전에 집정대신을 吏 · 戶 · 禮 · 兵 · 刑 · 工 六部尙書로 나누었고 각각 직분을 관장하였다.

38) 判(판) : 分, 나누다.

39) 薄(박) : 접근하다.

40) 方伯(방백) : 제후의 우두머리. 蓮率(연솔) : 連帥, 10국 제후의 우두머리.

41) 邑(읍) : 縣의 별칭. 宰(재) : 縣令.

42) 佐政(좌정) : 정사를 보좌하는 관리로 長史 · 司馬 · 縣尉 등이 있다.

43) 胥吏(서리) : 문서 등 잡무를 처리하는 하급관리.

44) 嗇夫(색부) : 옛날에는 吏嗇夫와 人嗇夫가 있었다. 이색부는 관리를 단속하는 관리이고, 인색부는 백성을 검사하고 단속하는 관리. 版尹 : 호적을 관리하는 관리.

45) 伎(기) : 技, 기교.

46) 擧而加焉(거이가언) : 선발해서 임명하다.

47) 綱紀(강기) : 기강. 盈縮(영축) : 증감을 조정하다.

48) 都(도) : 고대 행정구획명.《周禮 · 地官 · 小司徒》: "九夫爲井, 四井爲邑, 四邑爲丘, 四丘爲甸, 四甸爲縣, 四縣爲都." 野 : 교외.

49) 邇(이) : 가깝다.

50) 由(유) : 用.

所德; 不能者退而休之, 亦莫敢慍. 不衒能,[51] 不矜名,[52] 不親小勞[53], 不侵衆官, 日與天下之英才討論其大經, 猶梓人之善運衆工而不伐藝也,[54] 夫然後相道得而萬國理矣. 相道旣得, 萬國旣理, 天下擧首而望曰: "吾相之功也." 後之人循跡而慕曰: "彼相之才也." 士或談殷、周之理者, 曰伊、傅、周、召,[55] 其百執事之勤勞而不得紀焉, 猶梓人自名其功而執用者不列也. 大哉相乎! 通是道者, 所謂相而已矣. 其不知體要者反此: 以恪勤爲功,[56] 以簿書爲尊,[57] 衒能矜名, 親小勞, 侵衆官, 竊取六職百役之事, 听听於府廷,[58] 而遺其大者遠者焉, 所謂

---

51) 衒(현) : 자랑하다.
52) 矜(긍) : 과시하다. 자랑하다.
53) 不親小勞 : 사소한 일을 친히 하지 않는다.
54) 伐(벌) : 스스로 자랑하다.
55) 伊(이) : 商나라 초 대신 伊尹으로 상나라 湯을 도와 夏나라 걸(桀) 임금을 멸망시키고 상나라를 건립하였다. 傅說(부열) : 상나라 왕 武丁 때의 대신으로 나라를 다스리는데 많은 공로가 있다. 周 : 周公 姬旦으로 주나라 武王의 동생이다. 무왕이 죽은 후 주공이 成王을 보좌하여 내란을 진압하고, 예법을 정하는 등 주나라의 통치를 공고히 하였다. 召 : 召公 희석(姬奭)으로 무왕을 도와 상나라를 멸망시켜 연(燕)에 봉해졌다. 성왕 때 주공과 같이 보좌하였다.
56) 恪(각) : 삼가하다.
57) 簿書(부서) : 공문서를 처리하다.
58) 听听(은은) : 입을 벌리고 빙그레 웃다.

不通是道者也. 猶梓人而不知繩墨之曲直、規矩之方圓、尋引之短長, 姑奪衆工之斧斤刀鋸以佐其藝, 又不能備其工, 以至敗績用而無所成也, 不亦謬歟?

或曰: "彼主爲室者,[59] 儻或發其私智,[60] 牽制梓人之慮, 奪其世守而道謀是用,[61] 雖不能成功, 豈其罪耶? 亦在任之而已." 余曰, 不然. 夫繩墨誠陳, 規矩誠設, 高者不可抑而下也, 狹者不可張而廣也. 由我則固, 不由我則圮.[62] 彼將樂去固而就圮也, 則卷其術, 默其智, 悠爾而去,[63] 不屈吾道, 是誠良梓人耳. 其或嗜其貨利, 忍而不能捨也, 喪其制量, 屈而不能守也, 棟撓屋壞,[64] 則曰: "非我罪也." 可乎哉, 可乎哉!

余謂梓人之道類於相, 故書而藏之. 梓人, 蓋古之審曲面勢者,[65] 今謂之"都料匠"云.[66] 余所遇者,

---

59) 主爲室者 : 건물을 짓는 주인.
60) 儻或(당혹) : 만약. 私智(사지) : 개인의 의견, 주장.
61) 道謀(도모) : 건물을 만들 때 사람 의견이 다양하면 건물을 지울 수 없음.
62) 圮(비) : 무너지다.
63) 悠爾(유이) : 유연히, 아무렇지도 않은 듯이.
64) 撓(뇨) : 구부러지다.
65) 審曲面勢(심곡면세) : 각종 재료의 曲直과 모양 등을 자세히 살피다.

楊氏, 潛其名.

◈ 재인전 번역

배봉숙(裴封叔)의 집은 광덕리에 있다. 어떤 도목수가 문을 두드려 빈 방을 세내어 거주하기를 원하였다. 그가 가지고 있는 것은 길고 짧은 자, 원과 네모를 그릴 수 있는 規와 矩, 먹줄인데 집안에는 갈고 깎는 공구를 비치하지 않았다. 무슨 일을 잘 하느냐고 물으니 대답하기를: "저는 재료를 잘 헤아리고 건물의 양식을 근거로 높낮이 · 형태 · 길이의 적당함을 보고, 기술자들이 일하는 것을 지휘합니다. 만약 내가 없으면 그들은 집 한 채를 지을 수 없습니다. 그러므로 관청에서 일하면 일반 목공의 세 배 월급을 받고, 개인 집에서 일하면 한 배 반을 받습니다." 다른 날 그의 방에 들어가 보니 침대의 다리가 빠졌는데도 수리하지 못하고 말하기를: "다른 목공을 구해서 수리할 거예요."라고 하였다. 나는 매우 비웃으며, 그는 무능하고 봉급을 탐내고 재물을 좋아하는 사람이라 여겼다.

그 후에 경조윤(京兆尹)이 관청을 수리한다기에 그곳에 갔다. 많은 재목을 쌓아놓고 많은 기술자들이 모였다. 어떤 이는 도끼를 들고, 어떤 이는 칼이나 톱을 들고 모두들 그 사람을

---

66) 都料匠(도료장) : 대목수.

향해 둘러섰다. 도목수는 왼손에는 자를 들고 오른손에는 지팡이를 들고 가운데에 서 있었다. 그가 건물기둥과 처마의 하중을 추산하고 목재의 치수와 재질을 정확히 보고 지팡이를 휘두르며 "도끼!" 하고 말하니 그 도끼를 든 사람이 오른쪽으로 뛰어갔다. 또 돌아보고 손짓하며 "톱!" 하고 말하니 그 톱을 든 사람이 왼쪽으로 뛰어갔다. 잠시 후에 도끼를 든 이는 찍고, 칼을 든 자는 깎는데 모두들 그의 눈치를 살피며 명령을 기다리면서 아무도 감히 스스로 결정하지 못한다. 임무를 감당할 수 없는 자에게 화내며 쫓아내지만 역시 아무도 감히 화내지 못한다. 벽에 집의 설계도를 그렸는데 한 자 크기지만 그 양식이 전반적으로 상세하고 설계도의 축소한 비율에 따라 큰 건물을 지어내는데 더하거나 줄이는 것이 없었다. 완공되어 용마루에 "모년 모월 모일에 모모가 건축" 이라고 썼는데 바로 모모가 그의 이름이었다. 무릇 공구를 다루는 노동자들의 이름은 나열하지 않았다. 나는 둘러보고 크게 놀란 뒤에 그 기술의 교묘함과 대단함을 알았다.

계속하여 감탄하여 말하길: "그는 아마 손재주를 버리고 머리의 지혜를 쓰며 사물의 요령을 파악할 수 있는 사람이리라! 머리를 쓰는 사람은 남을 다스리고 힘을 쓰는 사람은 남에게 다스림을 받는다."고 들었는데 그는 머리를 쓰는 사람이리라! 재능이 있는 사람은 능력을 나타내고 지혜가 있는 자는 계책이 나오니 그는 지혜로운 사람이니라! 이것은 천자를 보좌하고 천하를 다스리는 데에 본받을만하다! 그 무엇도 이보다 더

가깝지 않다. 천하를 다스리는 것은 그 근본이 사람에게 있다. 직무를 맡은 사람 중에는 노역자가 있고 향사 · 이서가 있으며 그 위로는 하급 선비, 또 그 위로는 중급 선비 · 고급 선비가 있다. 다시 그 위로는 대부가 있고 卿이 있으며 公이 있다. 조정의 직무는 六部로 나누고, 아래로 각기 수많은 관직으로 나눈다. 中原에서 四方 해안에 까지 方伯 · 연수(連帥)가 있다. 군에는 군수가 있고 읍에는 읍재(邑宰)가 있으며 모두 좌정(佐政)을 두었다. 그 아래로는 서리(胥吏)가 있고 또 그 아래에 모두 색부(嗇夫) · 판윤(判尹)의 관직이 있어 일을 맡는다. 마치 많은 기술자가 각기 기술을 가지고 먹고 사는 것과 같다. 천자를 보좌하여 천하를 다스리는 재상은 인재를 선발해 관직을 위임하고 그들을 지시하여 부리며, 치국 기강을 정리하고 개정하며 법제를 통일하고 정비한다. 곧 마치 도목수가 원과 네모를 그리는 規와 矩 · 먹줄을 가지고 건축의 기준을 정하는 것과 같다. 재상은 천하의 인재를 골라 그 직분에 적합하게 배치하고 천하 백성들이 자기 직업에 안주하도록 한다. 縣의 통치를 보고 농촌을 미루어 알 수 있으며, 농촌을 보고 전국을 미루어 알 수 있고, 한 나라의 상황을 보고 천하를 알 수 있어, 그 가깝고 멀며 크고 작은 일을 손으로 그 지도에 근거하여 조사하고 밝힌다. 마치 도목수가 담에 설계도를 그리고 건물을 완성하는 것과 같다. 유능한 자는 재상이 추천, 임용하였지만 은덕을 말하지 않게 한다. 무능한 사람은 물러나게 하거나 파면해도 감히 성내지 못한다. 재상이 된 사람은 재능을 자랑하지 않고 명성을 과시하지 않는다. 사소한 일을 친히 하지 않고 많은 관리의 일을 침해하지 않으면서 날마다 천하의 영재들과 治國의 大綱을 토론한다. 마치 도목수가 많은 기술자를 잘 운용하면서 기예를 자랑하지 않는 것과 같다. 그런 다음에야 재상의 도리에 맞으며 천하 만민이 다스려진다. 재상의 도리에 맞고 천하 만민이 다스려지면, 천하의 사람들이 머리를 들어 찬양하기를: "우리 재상의 공로이다." 라고 말한다. 후세의 사람들도 그 사적을 따라 흠모하여 말하길: "그는 재상의 재목이었다."라고 한다. 선비들이 殷·周의 治國을 말할 때 이윤(伊尹)·부열(傅說)·주공(周公)·소공(召公)만을 말하고 그들 수하의 문무백관의 근면과 수고는 기록하지 않는다. 마치 도목수가 자신의 이름을 용마루에 써서 그 공을 자랑하고 일했던 많은 기술자 이름은 나열하지 않은 것과 같다. 위대하다. 재상이여! 이 이치에 통달한 이는 재상 뿐이로다! 요령을 모르는 사람은 이와 반대이니 그들은 삼가하고 부지런한 것을 功績이라 여기고, 공문서 처리하는 것을 중요한 것으로 여긴다. 자기의 능력과 명성을 자랑하고 사소한 일 더미에 묻히고 百官의 직무를 혼자 처리한다. 육부상서와 온 관료의 일을 떠맡고 조정에서 득의만연하며, 크고 원대한 목표를 놓치니 이른바 재상의 道를 알지 못한 자이다. 이는 마치 도목수이면서도 먹줄과 먹통의 曲直, 걸음쇠와 곱자의 표준, 자의 길이를 모르면서 잠시 일꾼들의 도끼와 칼과 톱을 빼앗아 자기 기예의 부족을 보완하지만 그 일들도 완성하지 못하여 여지없이 패배하여 아무것도 이룰 수 없다는 것과 같다. 이 역시 잘못이 아니겠는가!

어떤 이가 말하길: "집을 짓는 주인이 만약 자신의 생각대로 결정하고 도목수의 생각을 견제하며, 그가 대대로 전해온 일을 빼앗고 길가는 나그네의 의견을 따른다면 비록 성공하지 못한다 한들 어찌 그의 잘못이겠는가? 잘못은 역시 그에게 일을 맡긴 주인에게 있을 따름이다." 라고 하였다. 나는 말한다. 그렇지 않다. 기준이 이미 정해지고 규격이 확정이 되면, 높은 것은 눌러 낮출 수 없으며 좁은 것은 늘려 넓힐 수 없다. 나의 뜻대로 집을 지으면 견고하고 나의 의견대로 하지 않고 집을 지으면 무너진다. 만약 집주인이 기꺼이 견고함을 버리고 무너질 것을 따르면, 자신의 재능을 숨기고 지혜를 드러내지 않고 유연히 떠나가 자신의 주장을 굽히지 않아야만, 진실로 훌륭한 도목수이다. 혹 재물을 탐내어 차마 그 자리를 버리지 못하며 자신의 기준을 상실하고 타인에게 굴복하고 원칙을 지키지 못하여 마침내 기둥이 휘고 집이 무너질 때 말하길: "내 잘못이 아니요"라고 한다면 어찌 되겠는가, 어찌 되겠는가!

나는 도목수의 도리는 재상이 되는 것과 유사하다고 여겨진다. 그러므로 이것을 써서 보관한다. 도목수는 옛날에 목재의 曲直, 방향과 모양을 잘 살피는 사람으로 오늘날 대목수라 한다. 내가 만났던 사람은 楊씨로 이름은 잠(潛)이라고 한다.

◈ 작품 감상 및 분석

본문 중의 재인(목수)의 이름은 楊潛으로, 공사의 조직과 시공의 기준 만을 장악하고 세부적인 목공일을 하지 않는다.

광덕리에 있는 배봉숙(裴封叔) 집에 도목수가 세를 들어 거주하였다. (배봉숙의 이름은 근(墐)으로 유종원의 매형이다.) 길고 짧은 자와 먹줄 등이 있지만 갈고 깎는 도구가 없었다. 작가는 재인의 입을 통하여 다음과 같이 서술하였다. "재목을 살피며 건물의 양식에 따라 형태와 길이 등을 지시하고 기술자들이 내 명령에 따라 일을 하며, 내가 없으면 집을 짓지 못한다. 그리고 나의 월급은 관청에서 일하면 다른 사람의 3배 월급을 받는다."고 또 그의 방에 있는 침대 다리가 빠졌는데도 수리하지 못하고 기술자를 부를 생각을 하고 있었다. 이곳에서의 묘사는 몇 가지 특징이 있는데, 첫 번째, 일반 생활 분위기가 풍기고 두 번째, 도목수는 세부적인 일에는 관여하지 않는 것이고, 세 번째, 그가 능력도 없고 재물만을 탐하는 사람이라고 의구심이 들게 하였다.

두 번째 단락에서는 시공현장에서 본 것을 서술하였다. 도목수의 지시에 따라 기술자들은 일을 하였고 아무도 감히 마음대로 판단하지 않았고 불만을 제기하지도 않았다. 완성된 큰 건물 용마루에 그의 이름을 쓰고 참여했던 기술자들의 이름은 나열하지 않았다. 작가는 도목수를 통하여 본문의 主旨를 도출하였는데, 도목수의 일은 천자를 보좌하여 천하를 다스리는 데에 본보기가 될 만 한 것이다.

세 번째 단락에서는 도목수의 특징을 각각 재상의 道에 연결시켰다. 治國의 세부적인 일은 百官이 분담하는 것이지 재상이 직접 관여할 필요가 없는 것이고, 재상의 임무는 나라의 기강을 확립하고 백관을 다스리는 것이다. 천하가 잘 다스려지면 그 공은 재상에 있는 것이지 하급관리에 있는 것이 아니다. 이렇듯 재상의 도를 분명하게 설명하였고, 도목수의 도는 재상의 도와 유사함을 강조하였다.

그러나 작가는 좀 미진하다고 여겼는지 명확하게 보충설명을 하였다. 만약 집주인 고집에 따라 집을 지었어도, 기둥이 휘고 하자가 생기면 주인의 잘못이라고 할 수 없다. 그것은 도목수가 재물을 탐내어 차마 그 자리를 버리지 못하고 자신의 건축방식을 잃었기 때문이다. 곧 임금과의 관계에서 원칙을 지키고 봉록을 탐하지 말며 재상의 도리를 잘 견지하라는 의미이다. 이러한 방식의 結尾는 문장에 생동미를 더해주고 강한 현실 참여의식을 부여하였다.

蝜蝂傳

蝜蝂者,[1] 善負小蟲也.[2] 行遇物, 輒持取,[3] 昂其首負之. 背愈重, 雖困劇不止也.[4] 其背甚澀,[5] 物積因不散, 卒躓仆不能起,[6] 人或憐之, 爲去其負, 苟能行, 又持取如故. 又好上高, 極其力不已, 至墜地死.

今世之嗜取者, 遇貨不避,[7] 以厚其室,[8] 不知爲己累也.[9] 唯恐其不積. 及其怠而躓也, 黜棄之,[10]

---

1) 蝜蝂(부판) : 흑색의 작은 벌레.
2) 善負(선부) : 짐을 잘 지다.
3) 輒(첩) : 문득, 갑자기
4) 困劇(곤극) : 몹시 피곤하다.
5) 澀(삽) : 껄끄럽다.
6) 卒(졸) : 마침내. 躓仆(지부) : 넘어지고 뒤집어지다.
7) 貨(화) : 재물.
8) 厚(후) : 증가하다.
9) 累(누) : 부담.
10) 黜棄(출기) : 해직되고 배척되다.

遷徙之,[11] 亦以病矣.[12] 苟能起, 又不艾.[13] 日思高其位, 大其祿, 而貪取滋甚,[14] 以近於危墜, 觀前之死亡不知戒. 雖其形魁然大者也,[15] 其名人也,[16] 而智則小蟲也. 亦足哀夫!

◈ 부판전 번역

부판(蝜蝂)은 짐을 잘 지는 작은 곤충이다. 다니다가 물건을 만나면 곧 가져다가 머리를 들어 등에 진다. 등의 물건이 갈수록 무거워 몹시 피곤해도 그만두지 않는다. 그 등은 매우 껄끄러워 물건이 쌓이면 흩어지지 않기에 마침내 넘어지고 뒤집어져 일어나지 못한다. 사람이 어느 때 불쌍히 여겨 짐을 치워주지만, 만약 걸을 수 있게 되면 또 물건을 등에 지는 것이 예전과 같다. 또 높은 곳에 오르기를 좋아하여 힘이 다해도 그치지 않다가 땅에 떨어져 죽기에 이른다.

오늘날 세상에 챙기기를 좋아하는 이는 재물을 만나면 피하지 않고 가산을 늘리는데, 자신에게 부담이 되는 것을 모르

11) 遷徙(천사) : 먼 곳으로 유배가다.
12) 亦以病矣(역이병의) : 이미 고통이다. 以: 已. 病 : 고통, 어려움.
13) 艾(애) : 정지하다.
14) 滋甚(자심) : 더욱 심하다.
15) 形(형) : 형체, 몸. 魁然(괴연) : 큰 모양.
16) 其名人也 : 그는 명의상 사람이다.

고 오로지 재산이 많이 쌓이지 않을까 두려워한다. 태만히 있다가 일에 차질이 생기면 해직되고 배척되며 먼 곳으로 유배가니 이미 고통이다. 그러나 만약 일어날 수 있게 되면 또 그만두지 아니한다. 날마다 직위를 높이고 월급을 많이 받을 것을 생각하며, 욕심은 더욱 심해져 거의 위험에 떨어져 죽는 것에 가깝다. 예전의 욕심으로 죽은 예를 보았는데 경계할 줄 모른다. 비록 그 형체가 커서 명의상 사람이라고 부르나 지혜는 작은 곤충과 같다. 역시 슬퍼할 만하다!

◈ 작품 감상과 분석

한유와 유종원은 당송 팔대가 중 傳記文이 뛰어난 작가이다. 한유의 〈圬者王承福傳〉, 유종원의 〈種樹郭橐駝傳〉·〈梓人傳〉·〈宋清傳〉·〈童區寄傳〉은 모두 회자인구하는 대표적인 작품이다.

〈蝜蝂傳〉은 200 여 자로, 편한 유머감각을 갖추고 사람과 벌레의 대비 방식을 사용하여 두 단락으로 구성되어있다.

첫 번째 단락에서는 부판의 특징을 4 가지로 나누어서 묘사하였다. 먼저 부판은 "물건을 만나면 바로 가져다가 머리를 들어 등에 지고"(遇物, 輒持取), 두 번째로 "등이 점점 무거워져 고통이 매우 심해도 그만두지 않고"(背愈重, 雖困劇不止), "마침내 넘어지고 뒤집혀 일어날 수 없으며"(卒躓仆不能起), 세 번째로 "걸을 수 있게 되면 또 예전처럼 짐을 챙기며"(苟能行,

又持取如故) 네 번째로 "높은 곳에 오르기를 좋아하여"(又好上高) "땅에 떨어져 죽음에 이른다"(至墜地死)고 하였다.

두 번째 단락에서는 세상의 "챙기기를 좋아하는 이"(嗜取者)를 4 가지로 묘사하였는데, "재물을 만나면 피하지 않고"(遇貨不避), 재물을 "積" 때문에 "病"에 이른다. 세 번째로 "만약 일어날 수 있으면 또 그만두지 않고"(苟能起, 又不艾), "날마다 직위를 높일 것 만 생각하며"(日思高其位), 네 번째로 "욕심이 더욱 심해져 거의 위험에 떨어져 죽는 것에 가깝다"(貪取滋甚, 以近於危墜)고 하였다. 종합적으로 첫 번째 단락은 부판의 욕심 행위와 결말을 표현하였고, 두 번째 단락은 "嗜取者" 즉 탐관오리가 이익만을 도모하고 끝없는 욕심을 추구하는 추태와 결말을 그려냈다. 이는 사람과 벌레를 대비시켜 당시 관리들의 추태를 비판한 것이다.

送薛存義之任序

河東薛存義將行,[1] 柳子載肉於俎,[2] 崇酒於觴,[3] 追而送之江之滸,[4] 飮食之. 且告曰: “凡吏於土者,[5] 若知其職乎?[6] 蓋民之役,[7] 非以役民而已也.[8] 凡民之食於土者,[9] 出其十一傭乎吏,[10] 使司平

1) 薛存義(설존의) : 유종원과 같은 河東 同鄕人(山西省 永濟)으로 永州 (湖南省 零陵)에서 代理 縣令으로 근무하였는데, 이직할 때, 유종원이 이 글을 써서 송별을 기념하였다.
2) 柳子 : 유종원 자신. 載(재) : 담다. 俎(조) : 고대 제사 시 고기를 담는 禮器.
3) 崇酒(숭주) : 술을 가득히 따르다. 觴(상) : 술잔.
4) 追(추) : 전송하다. 술과 안주를 준비하여 송별의 자리를 마련하다. 滸(호) : 물가.
5) 吏於土 : 지방에서 관리를 하다.
6) 若(약) : 당신, 너. 職(직) : 직책.
7) 役(역) : 고용인, 하인.
8) 役民 : 백성을 부리다. “役”은 동사로 사용하여 “(노예로) 부리다”
9) 食於土 : 토지에 의지하여 밥을 먹다. 곧 농사를 지어 생활하다.
10) 十一 : 십분지 일. 수입의 10분지 1을 납부하는 것은 고대의 세금 제도이다. 傭乎吏(용호리) : 관리를 고용하다.

於我也[11]. 今受其直怠其事者,[12] 天下皆然. 豈惟怠之, 又從而盜之. 向使傭一夫於家,[13] 受若直, 怠若事, 又盜若貨器,[14] 則必甚怒而黜罰之矣.[15] 以今天下多類此, 而民莫敢肆其怒與黜罰何哉? 勢不同也.[16] 勢不同而理同, 如吾民何? 有達於理者,[17] 得不恐而畏乎!"

存義假令零陵二年矣.[18] 蚤作而夜思, 勤力而勞心, 訟者平, 賦者均, 老弱無懷詐暴憎,[19] 其爲不虛取直也的矣.[20] 其知恐而畏也審矣.[21]

吾賤且辱, 不得與考績幽明之說;[22] 於其往也, 故賞以酒肉而重之以辭.

---

11) 司(사) : 맡아보다, 처리하다. 平 : 공평하다. 司平於我 : 우리 백성을 위하여 공평하게 처리하다.
12) 直(직) : 値. 보수, 봉급.
13) 向使(향사) : 만약.
14) 貨器(화기) : 재물.
15) 黜(출) : 쫓다.
16) 勢(세) : 권력, 지위 등.
17) 達(달) : 명백하다. 알다.
18) 假令(가령) : 대리 縣令.
19) 懷詐暴憎(회사폭증) : 안으로는 속이는 마음을 가지고 밖으로는 미움을 나타내다.
20) 虛取(허취) : 공짜로 가져가다. 的 : 확실하다.
21) 審(심) : 명백하다.
22) 與(여) : 참여하다. 考績幽明(고적유명) : 관리 업적의 우열을 살피다.

◈ 송설존의지임서 번역

하동 사람 설존의께서 떠나려 할 때 나는 그릇에 고기를 담고 술잔에 술을 따라 강가에 가서 송별의 자리를 마련하고 또 그에게 말하기를: "지방에서 관리를 하였는데 당신은 그 직무를 아십니까? 백성에게 부려지는 존재로서 백성을 노예로 부리는 사람이 아닙니다. 농사를 지어 생활하는 사람들은 수입의 십분의 일을 내어 관리를 고용해서 자신들을 공평하게 관장하도록 합니다. 지금 보수를 받고서 그 일을 게을리 하는 관리는 천하 도처에 모두 있습니다. 어찌 게으름만 피우겠습니까? 또 백성의 재물을 빼앗으려고 합니다. 만약 집안에 사람을 고용하여 너의 품삯을 받는데 일을 게을리 하고 또 너의 재물을 훔친다면 반드시 매우 화를 내고 쫓아내 벌할 것입니다. 지금 천하의 관리들이 대부분 이것과 비슷한데도 백성들이 감히 화를 내고 쫓아내 벌하지 못하는 것은 무엇 때문입니까? 백성과 관리간의 형세가 달라졌기 때문입니다. 형세는 달라졌어도 그 이치는 모두 같으니 어떻게 백성들을 대해야 합니까? 그 이치를 아는 이라면 두려워하고 경계하지 않을 수 있겠습니까!"

설존의께서 영릉에서 대리 현령을 한 지 2년이 되었습니다. 일찍 일하고 밤에도 사안을 생각했고 힘써 일하고 마음을 다하며, 송사는 공평하고 세금은 균등하니, 늙고 약한 이들에게 속이려 하거나 미움을 나타내지 않았습니다. 그러니 백성들의 돈을 공짜로 가져가지 않았음이 확실하며 백성을 두려워하고 경계하는 것을 알았음이 명백합니다.

저는 지위가 낮고 유배를 당하여 관리 업적의 우열을 살피는 일에 참여할 수는 없습니다. 이에 설존의가 떠나갈 때 술과 고기로 송별연을 하고 이 서문을 써서 드립니다.

◈ 작품 감상 및 분석

설존의(薛存義)는 유종원과 같은 河東 同鄕人(山西省 永濟)으로 우의가 있는 친구이다. 설존의가 永州 (湖南省 零陵)에서 代理 縣令으로 근무하다 이직 할 때, 유종원이 그에게 아쉬움을 표한 것이다. 그는 영주를 떠나 다른 보직을 받고 떠나기에 작가는 이 작품을 써서 그를 송별하였는데, 지방 관리 직책에 관한 견해를 집중적으로 표현하였다.

첫 번째 단락에서는 강가에 나가 술과 음식을 대접하면서 송별하는 장면을 묘사하였다. 관리는 백성의 공복이어서 백성을 노예처럼 부려서는 안된다고 하였는데 이것이 유종원이 관리에 대한 핵심 견해이다. 그 이유는 농민들은 수확량의 십분의 일을 세금으로 헌납하기에 관리들은 그들을 위해 일을 해야 한다는 신념을 가지고 있었다. 만약 정사를 돌보지 않으면 이는 백성의 물건을 약탈하는 것과 같아서, 천하의 관리들이 게을러 백성의 물건을 탈취한다면 백성을 두려워해야 한다고 하였다. 곧 설존의가 이러한 이치를 터득하기를 간절하게 표현하였다.

두 번째 단락에서는 영주에서 2년 동안 관리 업적을 기술하였다. 그는 아침에 일찍 일어나고 저녁에 늦게 자면서, 진심으로 백성을 위하여 노력하였고, 공정하게 소송을 판결하며 세금 부담도 합리적으로 처리하는 등 백성들이 편안히 살며 생업을 즐길 수 있게 하였다. 이로써 두 가지 결론을 얻을 수 있는데 하나는 설존의는 관리가 되어서 월급을 헛되이 받지 않았고, 또 하나는 두려움을 알아 신중하게 정치를 하였다는 것이다. 설존의는 청렴결백한 관리이고 고을을 다스리는 일에 부지런했다고 칭찬을 하였다.

세 번째 단락에서는 유종원은 지위도 낮을 뿐 아니라 폄적을 당했기 때문에, 관리를 현지 조사를 할 수가 없는 자신의 처지를 안타깝게 생각하였고, 설존의가 이임할 때 고기와 안주를 준비하고 아울러 이별의 글을 쓴 이유를 설명하였다.

본문은 민본정치의 정치사상을 표현하였고 관리가 지켜야할 道를 천명하였다. 아울러 "천하의 사람은 모두 그렇다"(天下皆然)와 "정사를 게을리 하고 백성의 재물을 훔친다"(怠事盜民)는 표현으로 당시의 어두운 정치를 과감하게 폭로하였다.

送澥序

人咸言吾宗宜碩大, 有積德焉. 在高宗時, 並居尙書省二十二人. 遭諸武, 以故衰耗.[1] 武氏敗, 猶不能興.[2] 爲尙書吏者, 間數十歲乃一人. 永貞年, 吾與族兄登並爲禮部屬.[3] 吾黜,[4] 而季父公綽更爲刑部郎, 則加稠焉. 又觀宗中爲文雅者, 炳炳然以十數,[5] 仁義固其素也.[6] 意者復興乎?

自吾爲僇人,[7] 居南鄕, 後之穎然出者, 吾不見

1) 衰耗(쇠모) : 쇠락하다.
2) 敗(패) : 몰락하다.
3) 登(등) : 柳登, 자는 伯成이고, 柳方의 아들이다. 유종원은 禮部員外郎, 유등은 膳部郎中이 되었다.
4) 黜(출) : 쫓겨나다.
5) 炳炳然(병병연) : 환한 모양.
6) 素(소) : 본바탕.
7) 僇人(육인) : 죄인.

之也. 其在道路幸而過余者, 獨得澥. 澥質厚不諂,[8] 敦朴有裕, 若器焉, 必隆然大而後可以有受, 擇所以入之者而已矣. 其文蓄積甚富, 好慕甚正, 若墻焉,[9] 必基之廣而後可以有蔽,[10] 擇其所以出之者而已矣. 勤聖人之道, 輔以孝悌, 復嚮時之美,[11] 吾於澥焉是望. 汝往哉! 見諸宗人, 爲我謝而勉焉. 無若太山之麓,[12] 止而不得升也, 其唯川之不已乎! 吾去子, 終老於夷矣!

◈ 송해서

사람들은 모두 우리 선조가 많은 공덕을 쌓았기에 우리 집안이 당연히 크게 흥성할 것이라고 말한다. 高宗 때 상서성(尙書省)에서 같이 일을 한 우리 집안사람은 22명인데, 무씨(武氏)들을 만나 이 때문에 쇠락하였다. 무씨 집안이 몰락하였지만 여전히 흥성할 수 없어서 상서성의 관리가 된 사람은 수십 년

8) 諂(첨) : 아첨하다.
9) 墻(장) : 담.
10) 蔽(폐) : 가리다.
11) 嚮(향) : 이전.
12) 麓(녹) : 산기슭.

동안 한 사람뿐이다. 영정(永貞) 년간 (805년)에 나는 족형(族兄) 등(登)과 함께 예부의 관속이 되었다. 나는 쫓겨났지만 작은 아버지 유공작(柳公綽)은 다시 형부랑(刑部郞)이 되었으니 이전 보다 많아졌다. 또 살펴보니 집안 가운데 文雅한 사람이 찬란하게 수십 명이나 되고 仁義는 본래 우리 집안 고유의 본바탕이다. 이렇게 본다면 우리 집안이 다시 흥성한 것인가?

내가 죄인이 되어 남쪽 지방에 살면서 그 후에 우리 집안에서 나온 총명한 자를 만난 적이 없다. 여행 중에 다행스럽게 나에게 들른 사람은 오직 해(澥) 뿐이다. 해는 질박하고 너그러우며, 아첨하지 않고 돈후하고 소박하며 여유가 있다. 만약 그가 중용이 되면 반드시 장래성이 있으므로, 지금은 좋은 돌파구를 택할 뿐이다. 그의 문장은 축적된 것이 아주 많고, 좋아하고 바라는 것이 매우 바른데, 담장과 같이 반드시 기초를 넓게 한 뒤에 집을 지을 수 있으니, 이제 좋은 지반을 택할 뿐이다. 성인의 도를 부지런히 닦고 효제로 도우면서 예전 우리 집안의 훌륭한 명성을 회복시켜 주기를 나는 해(澥)에게서 기대한다. 너는 가서 집안 사람들을 만나거든 나를 대신해서 인사하고 그들을 격려하라. 태산의 산기슭처럼 멈추어 위로 오를 수 없는 처지가 되지 말고 오직 강물처럼 쉬지 말고 세차게 흘러라. 나는 너와 떨어져 이 오랑캐 땅에서 노년을 마칠까 한다.

◈ 작품 감상 및 분석

유해(柳澥)는 유종원 친족 중의 한 사람으로 항렬이 분명하지 않지만 문장 내용으로 보면 유종원 보다 나이가 적은 것 같다.

이 문장은 두 단락으로 분류할 수 있는데 첫 번째 단락은 유씨 문중이 홍성한 것에서 쇠락하고 다시 부흥하여 희망이 있는 역사와 현실상황을 개술하였다. 두 번째 단락에서는 永州에서 澥를 만나고 그리고 헤어질 때 그에게 부탁하는 심경을 기술하였다.

유씨 문중 가운데 唐나라 高宗(650-683년) 때 尙書省에서 정무를 집행한 사람은 22명이다. 유종원의 증조부 柳奭은 高宗 永徽 2년(651년)에 재상에 임명되었는데 후에 武則天의 미움을 받아 愛州刺史로 유배생활을 하다가 살해되었다. 이로부터 부진하여 중흥하지 못하다가 몇 십년 뒤에 尙書에서 관직을 맡은 이가 한 명 있을 따름이다. 유종원은 順宗 永貞 년간(805년)에 문중의 형인 柳登과 같이 禮部에서 근무를 하였다. 그 후 유종원은 永貞革新에 실패하여 永州司馬로 폄적당하고, 숙부인 柳公綽(유공작)은 후에 吏部郎中이 되었다. 유종원은 永貞 년간부터 유씨 문중 사람 가운데 조정에서 근무하는 사람들이 점점 많아지고 文雅한 글을 잘 쓰는 사람이 십 여 명이 되어 더욱 기쁘게 생각하였다. "이렇게 본다면 아마 우리 집안이 다시 흥성한 것인가?" (意者復興乎?)라면서 유씨 가문이 부흥하는 징조로 생각한 것 같은데, 이는 다음 문장을 위한 복선을 염두에 둔 것이다.

두 번째 단락에서는 유종원이 영주의 유배생활 중에서 유씨 가문의 걸출한 인재를 만난 적이 없었다. 그러나 유배지에서 유해(柳澥)를 만난 후에 "질박하고 너그러우며 아첨하지 않고, 돈후하고 소박하며 여유가 있다."(澥質厚不諂, 敦朴有裕)고 그의 인품을 칭찬하였다. 아울러 "만약 그가 중용이 되면 반드시 장래성이 있으므로, 지금은 좋은 돌파구를 택할 뿐이다."(若器焉, 必隆然大而後可以有受, 擇所以入之者而已矣.)라고 설명하면서 담을 수 있는 그릇을 크게 하지만 아무거나 담지 말고 이치에 합당한 것만을 담으라고 하였다. 또한 "그의 문장은 축적된 것이 아주 많고 좋아하고 바라는 것이 매우 바른데, 담장과 같이 반드시 기초를 넓게 한 뒤에 집을 지을 수 있으니, 이제 좋은 지반을 택할 뿐이다."(其文蓄積甚富, 好慕甚正, 若墻焉, 必基之廣而後可以有蔽, 擇其所以出之者而已矣.)라고 하였다. 곧 문장은 담장과 같이 기초를 튼튼히 한 후에 경솔하게 쓰지 말고 반드시 써야 할 글을 쓰라고 당부하였다. 성인의 도를 닦고 효제로써 살며 유씨 집안의 명성을 회복해주기를 유해에게 부탁하였다. 아울러 산기슭같이 정지해 산 위로 오를 수 없는 처지가 되지 말고 강물처럼 앞으로 활기차게 흘러 멈추지 말고 분발하라는 격려의 말도 아끼지 않아 인척에 대한 끈끈한 정을 느낄 수 있었다. 마지막으로 "나는 너와 떨어져 이 오랑캐 땅에서 노년을 마칠까 한다."(吾去子, 終老於夷矣!)면서 작자의 쓸쓸하고 슬픈 심정을 거침없이 표현하였다.

愚溪詩序

灌水之陽,[1] 有溪焉, 東流入於瀟水.[2] 或曰: "冉氏嘗居也, 故姓是溪爲冉溪."[3] 或曰: "可以染也, 名之以其能,[4] 故謂之染溪." 余以愚觸罪,[5] 謫瀟水上, 愛是溪. 入二三里, 得其尤絶者家焉.[6] 古有愚公谷,[7] 今予家是溪, 而名莫定. 土之居者,[8] 猶齗齗

1) 灌水(관수) : 廣西壯族自治區에 있으며, 灌陽縣 서남에서 발원하여 湘江으로 흘러들어간다. 陽(양) : 강의 북쪽.
2) 瀟水(소수) : 호남성에 있으며 瀟山에서 발원하여 소수라 한다.
3) 姓(성) : 命名하다, 이름을 붙이다.
4) 名之以其能 : 그 효능으로써 命名하다.
5) 觸罪(촉죄) : 죄를 범하다.
6) 尤絶(우절) : 특별히 좋다. 경치가 특별히 좋다. 家 : 집을 짓다.
7) 愚公谷 : 산동성 임치현(臨緇縣) 서쪽에 있다. 劉向《說苑 · 政理篇》에 의거하면 "제 환공(齊 桓公)이 수렵하러 가는데 한 산골짜기에 이르러 노인을 만나 이 골짜기 이름을 물으니 '愚公谷'이라 하였다. 그 이유는 본인이 우공이어서 '愚公谷'이라 이름을 붙였다"고 한다.
8) 土之居者 : 그 지방 주민.

然,[9] 不可以不更也,[10] 故更之爲愚溪.

愚溪之上, 買小丘爲愚丘. 自愚丘東北行六十步, 得泉焉, 又買居之, 爲愚泉. 愚泉凡六穴, 皆出山下平地, 蓋上出也.[11] 合流屈曲而南, 爲愚溝. 遂負土累石, 塞其隘爲愚池.[12] 愚池之東爲愚堂, 其南爲愚亭, 池之中爲愚島. 嘉木異石錯置,[13] 皆山水之奇者. 以余故, 咸以"愚"辱焉.[14]

夫水, 智者樂也.[15] 今是溪獨見辱於愚, 何哉? 蓋其流甚下, 不可以漑灌; 又峻急, 多坻石,[16] 大舟不可入也; 幽邃淺狹,[17] 蛟龍不屑,[18] 不能興雲雨. 無以利世, 而適類於余,[19] 然則雖辱而愚之, 可也. 甯武子邦無道則愚,[20] 智而爲愚者也;[21] 顔子終日

---

9) 齗齗然(은은연) : 말다툼하는 모양. 염계(染溪), 또는 염계(冉溪)라 부르는 것을 가지고 옥신각신하다.

10) 更(경) : 改名하다.

11) 上出 : 위로 솟다.

12) 隘(애) : 좁다.

13) 錯置(착치) : 섞어서 두다.

14) 咸以"愚"辱焉 : 모두 "愚"자를 붙여서 모욕을 당하다.

15) 夫水, 智者樂也 :《論語 · 雍也》: "智者樂也." 지혜가 있는 사람은 흐르는 물을 좋아한다.

16) 坻石(지석) : 수면에 돌출한 바위.

17) 幽邃(유수) : 깊다.

18) 不屑(부설) : 하찮게 여기다.

19) 適類(적류) : 바로 닮다.

不違如愚,[22] 睿而爲愚者也,[23] 皆不得爲眞愚. 今余遭有道,[24] 而違於理, 悖於事,[25] 故凡爲愚者, 莫我若也.[26] 夫然, 則天下莫能爭是溪, 余得專而名焉.

溪雖莫利於世, 而善鑒萬類,[27] 淸瑩秀澈,[28] 鏘鳴金石,[29] 能使愚者喜笑眷慕,[30] 樂而不能去也. 余雖不合於俗, 亦頗以文墨自慰, 漱滌萬物,[31] 牢籠百態,[32] 而無所避之. 以愚辭歌愚溪, 則茫然而不違, 昏然而同歸,[33] 超鴻蒙,[34] 混希夷,[35] 寂寥而莫我

---

20) 甯武子(영무자) : 춘추시대 衛國 大夫 甯愈로 "武"는 사후의 謚號이다. 邦無道則愚 : 나라가 혼란할 때 愚人인체 하였다. 《論語 · 公冶長》에서, 孔子曰 : "甯武子, 邦有道則智, 邦無道則愚, 其智可及也, 其愚不可及也."
21) 智而爲愚者也 : 총명한 사람이 어리석은 척하다.
22) 顔子(안자) : 孔子의 제자 顔回이다. 終日不違如愚 :《論語 · 爲政》에서 나오는데, 孔子曰 : "吾與回言終日, 不違如愚. 退而省其私, 亦足以發, 回也不愚."
23) 睿(예) : 지혜가 있다.
24) 有道 : 나라 정국이 안정되고 태평하다.
25) 悖(패) : 어긋나다. 도리에서 벗어나다.
26) 莫我若 : 莫若我, 不如我와 같다.
27) 鑒(감) : 비추어 보다.
28) 淸瑩秀澈(청영수철) : 맑고 깨끗하다.
29) 鏘鳴金石(장명금석) : 종과 경쇠를 칠 때 나는 소리처럼 깨끗하고 듣기 좋은 소리.
30) 眷慕(권모) : 그리워하다.
31) 漱滌萬物(수척만물) : 만물을 물로 세척한 것 처럼 더욱 선명하다.
32) 牢籠百態(뇌농백태) : 사물의 백태를 망라하다.
33) 茫然而不違, 昏然而同歸(망연이불위, 혼연이동귀) : 막연하고 혼연하게 愚溪와 하나가 되다.

知也. 於是作〈八愚詩〉, 紀於溪石上.

◈ 우계시서 번역

관수의 북쪽에 계곡이 있는데 동쪽으로 흘러 소수로 흘러 들어간다. 어떤 사람이 말하길: "예전에 염씨(冉氏)가 살았기에 그 성을 붙여 이 계곡을 염계(冉溪)하고 하였다."라고 하였다. 또 어떤 사람이 말하길: "이 계곡의 물로 염색할 수 있기에 그 기능으로 染溪"라고 하였다. 내가 어리석음으로 죄를 지어 소수(瀟水)가로 폄적되어 왔는데, 이 계곡의 경치를 좋아해 계곡을 따라 2,3리 들어가 경치가 아주 좋은 곳을 찾아서 집을 지었다. 옛날에 한 우공의 골짜기(愚公谷)라는 것이 있었다. 지금 내가 이 계곡에 집을 짓고는 이름을 정하지 못하고 있었다. 이 지방 사람들도 "冉溪" 또는 "染溪" 이름을 가지고 옥신각신하니 이름을 바꾸지 않을 수 가 없었다. 그것을 바꾸어 우계(愚溪)가 되었다.

우계 가에 작은 언덕을 사서 우구(愚丘)라고 이름을 지었다. 우구 동북쪽으로 육십 보를 가서 샘을 발견하였는데 또 그것을 사서 거주지로 삼고 우천(愚泉)이라 이름을 지었다. 우천에는

---

34) 鴻蒙(홍몽) : 우주 형성 이전의 혼돈상태, 즉 元氣.

35) 希夷(희이) : 공허하고 적막하다. "超鴻蒙, 混希夷"는 일체의 번뇌를 잊고 망망한 원기를 초탈하여 적료하고 끝이 없는 우주에 융해되는 것을 뜻한다.

여섯 개의 샘구멍이 있는데 모두 산 아래 평지에서 솟아나는데, 위로 솟는 샘이다. 물길이 합쳐 구불구불 남쪽으로 흐르는데 이것을 우구(愚溝)라고 하였다. 이어서 곧 흙을 쌓고 바위를 포개어 우구의 좁은 곳을 막아 우지(愚池)를 만들었다. 우지의 동쪽에 우당(愚堂)을 짓고 남쪽에는 우정(愚亭)을 지었다. 우지 가운데는 우도(愚島)를 만들었다. 멋진 나무와 기이한 바위를 섞어서 단장하니, 모두 뛰어난 경치이다. 나 때문에 모두 어리석다는 의미의 "우(愚)"자를 붙여서 모욕을 당한다.

무릇 흐르는 물은 지혜로운 이가 좋아한다. 그런데 지금 이 계곡만이 유독 "愚"의 오명을 뒤집어쓰고 모욕을 당하니 어째서인가? 물줄기가 매우 낮은 데에 있어 관개하는 곳에 쓸 수 없고, 또 물살이 급하고 수면에 돌출한 바위가 많아서 큰 배가 들어올 수 없다. 계곡이 깊은 곳에 있고 얕고 좁아서 교룡(蛟龍)도 하찮게 여겨 구름과 비를 일으킬 수 없다. 세상에 이로움을 주지 못하니 나를 꼭 닮았다. 그래서 "愚"名으로 그것을 모욕해도 되는 것이다. 영무자(甯武子)는 나라에 도가 행해지지 않으면 어리석은 척하였는데 이것은 총명한 사람이 일부러 어리석은 척한 것이다. 안자(顏子)는 하루 종일 질문을 하지 않아 어리석은 것 같으나, 이것도 총명한 사람이 어리석은 척 하는 것이다. 모두 진짜 어리석다고 할 수 없다. 지금 나라 정국이 안정된 때인데도 나는 이치를 어기고 일을 그르쳤으니 어리석은 사람이 나 보다 더 어리석지 않다. 그런즉 천하에 이 계곡을 다투지 않고 나 혼자 점유하여 이름을 짓는다.

이 계곡은 비록 세상에 이로움을 주지 못하나 만물을 잘 비추며 맑고 깨끗한 계곡물이다. 종이나 경쇠를 칠 때 나는 소리처럼 듣기 좋은 물소리로 어리석은 이가 즐거워서 웃고 그리워하며 즐거워 차마 떠나가지 못하게 할 수 있다. 나는 비록 時俗에 어울리지 못하지만 자주 글 쓰는 일로 스스로 위로하며 만물을 깨끗이 씻어내고 사물의 여러 모습을 잘 표현하니 어떤 것도 피할 수 없다. 어리석은 문장으로 어리석은 계곡을 노래하니 아득히 어긋남이 없고, 혼연히 우계와 하나가 되어 일체의 번뇌를 잊고 원기를 초탈하여 끝이 없는 우주에 용해되어 적료하게 無我의 경계에 이르게 된다. 이에 〈팔우시(八愚詩)〉를 지어 계곡 바위에 기록한다.

◈ 작품 감상 및 분석

이 작품은 〈八愚詩〉의 序文인데 詩는 전해지지 않고 이 서문만이 있고 작가가 永州에 유배 가서 쓴 것이다.

먼저 愚溪의 지형 및 이름의 유래를 서술하였다. 愚溪에 이어 愚丘 · 愚泉 · 愚溝 · 愚池 · 愚堂 · 愚亭 · 愚島 등 모두 '八愚'를 표현하였는데 바로 詩題와 일치하다. '八愚'는 결코 '眞愚'하지 않고 모두 작가 때문에 "愚"의 치욕을 받은 것이다. 그는 또 두 명 古人의 "愚"와 비교하면서 자기의 "愚"는 '眞愚'이고 古人은 '假愚'라고 하면서 유배당한 후에 고통스럽고 모순에 찬 심리를 자연스럽게 표현하였다.

마지막 단락에서는 이 작품의 요지가 있는데, 작자는 시내물의 "愚"와 본인의 "愚"를 다시 비교하였다. 이것들은 비록 어리석지만 세상에 전혀 도움이 안 되는 것은 아니다. 시냇물이 깨끗하고 맑아 천하 만물을 비추어 볼 수 있고, 흐르는 물소리는 사람들이 즐거워하며 돌아가는 것을 잊게 한다. "나(余)"는 비록 時俗을 수용하지 못했지만 글을 지어 스스로 위로를 삼았다. 왜냐하면 이런 문장은 천하 만물을 세척해줄 수 있고 각종 세태를 품어줄 수 있었기 때문이다.

문장 중에 "茫然", "昏然", "寂廖而莫我知" 등은 작가의 내심에 깊은 고통이 있음을 표현한 것이다. 곧 그의 고결한 志行이 정권자들에게 받아들이지 않고, 이 "愚溪"의 경치가 세상 사람들에게 알려지지 않은 것이 공평하지 않다고 생각하였다. 때문에 작자는 "超鴻蒙", "混希夷"에 감정을 기탁하였다. 곧 우울하고 不平의 情을 자연계의 큰 氣와 虛寂하고 혼돈의 상태에 그의 감정을 기탁한 것이다.

序飮

買小丘,[1] 一日鋤理, 二日洗滌, 遂置酒溪石上. 嚮之爲記所謂牛馬之飮者,[2] 離坐其背. 實觴而流之, 接取以飮. 乃置監史而令曰:[3] 當飮者擧籌之十寸者三, 逆而投之, 能不洄於洑,[4] 不止於坻,[5] 不沉於底者, 過不飮. 而洄而止而沉者, 飮如籌之數. 旣或投之, 則旋眩滑汩, 若舞若躍, 速者遲者, 去者住者, 衆皆據石注視, 歡抃以助其勢.[6] 突然而

1) 小丘 : 유종원이 쓴 〈愚溪詩序〉에서 언급한 愚丘이다.
2) 記(기) : 〈鈷鉧潭西小丘記〉를 가리킴.
3) 監史(감사) : 酒令이 행해지는 것을 감독하는 사람으로, 유희의 규칙을 주관하고 술을 권하여 홍을 돋우는 임무가 있다. 令 : 酒令으로 주홍을 돕기 위해 마련한 술 마시는 규칙.
4) 洄(회) : 물이 빙빙 돌아서 흐르다.
5) 坻(지) : 모래섬.
6) 抃(변) : 손뼉 치다.

逝, 乃得無事. 於是或一飮, 或再飮, 客有婁生圖南者,[7] 其投之也, 一洄 一止 一沉, 獨三飮, 衆乃大笑歡甚. 余病痞,[8] 不能食酒, 至是醉焉. 遂損益其令, 以窮日夜而不知歸.

吾聞昔之飮酒者, 有揖讓酬酢百拜以爲禮者, 有叫號屢舞如沸如羹以爲極者, 有裸裎袒裼以爲達者, 有資絲竹金石之樂以爲和者, 有以促數糾逖而爲密者, 今則擧異是焉. 故捨百拜而禮, 無叫號而極, 不袒裼而達, 非金石而和, 去糾逖而密. 簡而同, 肆而恭, 衎衎而從容,[9] 於以合山水之樂, 成君子之心, 宜也. 作〈序飮〉, 以貽後之人.

---

7) 婁生圖南(누생도남) : 鄭州 原武 사람으로 進士에 낙방한 뒤, 더 이상 응시하지 않고 지방을 여행하였다. 元和 원년 (806)부터 永州에 머물러 유종원과 시를 주고 받으며 친밀하게 지냈다.
8) 痞(비) : 뱃속이 더부룩하고 결리는 것 같이 아픈 증세로 현대의학에서는 脾臟(비장)비대증이라 한다.
9) 衎(간) : 즐거워하다.

◈ 서음 번역

작은 언덕을 사서 첫째 날은 호미로 정리하고 둘째 날은 물로 씻어내고는 마침내 시냇가 바위 위에 술자리를 마련하였다. 지난번에 記를 쓰면서 말한 '소와 말이 시내 가에서 물을 마시는 것 같다'는 그 바위에 떨어져 있어 우리는 그 뒤쪽에 앉았다. 술잔을 채워 물 위에 띄우고 물가 아래쪽에 있는 사람이 자기 앞으로 오는 술잔을 잡아서 마셨다. 이에 감사(監史)를 세우고 주령(酒令)을 포고하기를: "술을 마실 차례가 된 사람은 10촌 길이의 산가지 셋을 들어서 상류 쪽에 던지는데 소용돌이에서 빙빙 돌지도 않고 모래섬에 걸려 멈추지도 않으며 밑으로 가라앉지도 않으면 술잔을 그냥 보내고 마시지 않는다. 그러나 빙빙 돌거나 멈추거나 가라앉으면 산가지 숫자대로 마신다."고 하였다. 이리하여 어떤 사람이 산가지를 던지니 어지럽게 빙빙 돌다가 물에 뜨고, 가라앉는 모습이 마치 춤추는 것 같기도 하고 뛰는 것 같기도 하였다. 빠른 것도 있고 느린 것도 있으며, 가는 것도 있고 멈추는 것도 있다. 사람들은 모두 바위에 기대어 주시하면서 즐겁게 손뼉을 치며 그 기세를 도왔다. 갑자기 산가지가 흘러가 버리면 곧 아무 일이 없었던 듯 원래 상태로 돌아왔다. 이리하여 어떤 사람은 한 잔을 마시고 어떤 사람은 두 잔을 마셨다. 모인 사람 가운데 누도남(婁圖南)선생이 있었는데 그가 산가지를 던지자 하나는 거슬러 올라가고, 하나는 멈추고 하나는 가라앉아서 혼자서 세 잔 술을 마셨다. 사람들이 크게 웃으며 아주 즐거워하였다. 나는 脾臟비대증을 앓고 있어서 술을 마실 수 없었지만 이런 상황에 이르러 취하게 되었다. 드디어 그 주령을 줄이거나 더하기도 하면서 밤이 될 때까지 귀가할 줄 몰랐다.

내가 듣기로 옛날에 술 마시는 사람들은 주인과 손님이 양손을 모아 인사하고 사양하면서 술을 권하고 여러 번 절하는 것을 禮로 여기기도 하였다. 큰 소리로 떠들면서 여러 번 춤을 추어 물이나 국을 끓이듯 시끌벅적한 것을 흥이 고조된 것으로 여기기도 하였다. 옷을 벗어서 알몸을 드러낸 것을 통달한 것으로 여기기도 하였다. 여러 가지 악기를 연주하는 것을 조화를 이룬 것으로 여기기도 하였고 여러 차례 바로 잡아주는 것을 친밀한 것으로 여기는 경우도 있었다. 오늘은 모두 이와는 달랐다. 그러므로 여러 번 절하지 않고도 예의가 있었고, 큰소리로 떠드는 일이 없어도 흥이 고조되었고, 옷을 벗지 않고도 통달하였고 악기가 아니어도 조화를 이루었고 바로 잡아주는 일을 떠나서도 친밀하였다. 간단하면서도 화목하고 자유스러우면서도 공손하며 즐거우면서도 침착하였다. 산수의 즐거움에 합치되고 군자의 마음을 이루었으니 마땅하다. 〈序飮〉을 지어 후세 사람에게 남겨준다.

◈ 작품 감상 및 분석

음주의 상황과 감상을 기술한 글이다. 文 중의 "買小丘"는 〈愚溪詩序〉의 "買小丘爲愚丘"와 같은 小丘이고, 또 〈鈷鉧潭西小丘記〉에서의 小丘이다. 유종원은 永州에 유배간 후에 작은 언덕(小丘)을 구입하여 元和 4년(809년)에 〈鈷鉧潭西小丘記〉를 작성하고 그 후에 본문을 기술하였다. 작자는 술 잔치를 小丘의 시냇물과 山石에 차려놓고 음주자의 위치를 서술하였다. 그들은 분산해서 山石 근처에 앉았는데 이러한 산석은 〈鈷鉧潭西小丘記〉에서 묘사한 "그 바위 가운데 우뚝우뚝 삐죽삐죽 흙을 지고 나와, 다투어 이상한 모양을 한 것들이 거의 수를 셀 수 없었다. 우뚝 솟아 서로 얽히어 아래로 향한 것들은 마치 소나 말들이 계곡에서 물을 마시는 것 같다"(其石之突怒偃蹇, 負土而出, 爭爲奇狀者, 殆不可數, 其嶔然相累而下者, 若牛馬之飮於溪)는 곳이다.

작자는 주령(酒令)(술자리의 흥을 돋우기 위한 罰酒 놀이)으로 먼저 분위기를 띄웠다. 대나무로 만든 산가지를 각자 세 개씩 흐르는 시냇물에 던지고 그것이 움직이는 형태에 따라 벌주를 마시는 규율을 정하고는, 여러 사람들이 벌주를 피하기 위해 이미 던져진 산가지의 움직임을 주시하고 손뼉을 치며 응원하는 흥미진진한 상황이 전개된 것을 서술하였다. 그 중 누도남(婁圖南)이 산가지를 던지자, 하나는 빙빙 돌고 하나는 멈추고 하나는 가라앉아서 세 잔이나 술을 마셨다. 사람들이 크게 웃으며 아주 즐거워하였고, 유종원은 비장비대증을 앓고 있어 술을 마실 수 없었는데 이런 상황에 이르러 그도 취하게 되었고, 즐거움으로 집에 돌아가는 것을 잊었다.

오늘 음주 모임은 전혀 옛날 사람들의 술자리와는 판이하게 달랐다. 여러 번 절하지 않고도 예에 맞았고, 큰소리로 떠드는 일이 없어도 극진하였고, 옷을 벗지 않고도 광달하였고 악기가 아니어도 조화를 이루었다. 이번 모임은 형식은 간단했지만 다 같이 마음껏 즐거워하고, 화목하고 자유스러우면서도 공손하며 즐거우면서도 조용하여 산수의 즐거움에 합치되고 군자의 마음을 이루었다. 그리하여 이를 후세에 전하려고 〈序飮〉을 지은 것이다.

작자는 처음으로 황량한 영주로 유배 가서 마음이 울적하였는데 술을 빌어 잠시 걱정을 잊고 즐거움을 友人들과 같이한 모습을 표현하였다.

與韓愈論史官書

正月二十一日, 某頓首十八丈退之侍者前:[1]獲書言史事, 云具與劉秀才書,[2] 及今乃見書藁, 私心甚不喜, 與退之往年言史事甚大謬.

若書中言, 退之不宜一日在館下,[3] 安有探宰相意,[4] 以爲苟以史榮一韓退之耶?[5] 若果爾,[6] 退之豈宜虛受宰相榮己,[7] 而冒居館下,[8] 近密地,[9] 食奉

1) 十八丈 : 형제 서열 중 18번째이며, "丈"은 연장자에 대한 존칭이다. 한유는 유종원 보다 나이가 많고 유종원 부친의 친구이었기에 그를 "장"이라고 칭하였다. 退之: 韓愈의 자. 侍者: 시종. 頓首(돈수): "시종에게 머리를 땅에 닿도록 숙이고 절을 하다" 는 것은 사양하는 말로 감히 직접 수신인에게 편지를 쓰지 못하고 시종에게 대신 전달하다.
2) 具(구) : 俱, 전부. 劉秀才: 劉軻(유가), 字는 希仁이고 史官을 역임하였다.
3) 館下(관하) : 역사를 편찬하는 史館.
4) 探宰相意(탐재상의) : 재상의 의도를 추측하다. 짐작하다.
5) 苟(구) : 경솔하게 제멋대로. 史 : 사관.
6) 若果爾(약과이) : 果眞如此, 만약 정말이라면.

養,[10] 役使掌故,[11] 利紙筆爲私書,[12] 取以供子弟費? 古之志於道者,[13] 不若是.

且退之以爲紀錄者有刑禍,[14] 避不肯就,[15] 尤非也.史以名爲褒貶,[16] 猶且恐懼不敢爲; 設使退之爲御史中丞大夫,[17] 其褒貶成敗人愈益顯,[18] 其宜恐懼尤大也, 則又揚揚入臺府,[19] 美食安坐, 行呼唱於朝廷而已耶?[20] 在御史猶爾, 設使退之爲宰相, 生殺出入升黜天下士,[21] 其敵益衆,[22] 則又將揚揚入政事堂,[23] 美食安坐, 行呼唱於內庭外衢而已

---

7) 虛受宰相榮己(허수재상영기) : 재상이 자기에게 준 영예를 그냥 받다.
8) 冒居(모거) : 명의만 걸어 숫자를 채우다.
9) 密地(밀지) : 황궁.
10) 食 : 받다. 奉養(봉양) : 봉록, 월급.
11) 掌故(장고) : 史料를 관리하는 하급관리.
12) 利紙筆爲私書 : 국가의 종이, 붓, 먹을 사용하여 본인을 위하여 책을 쓰다.
13) 道 : 정치이상.
14) 紀錄者(기록자) : 역사를 기재 편찬하는 사람.
15) 就(취) : 나아가다.
16) 名 : 文字.
17) 設(설) : 만약. 御史中丞(어사중승) : 관명으로, 곧 御史大夫로 監察御使 중 지위가 제일 높음.
18) 愈益顯(유익현) : 더욱 분명히 드러나다.
19) 揚揚(양양) : 득의한 모양. 臺府(대부) : 御史臺, 어사의 관청.
20) 呼唱(호창) : 신하가 임금을 알현할 때 3번 만세를 부르고 이름을 큰 소리로 알리다. 이 문장에서는 '실제로는 하지 않지만 다만 매일 조정에 나가 만세를 부를 뿐이냐?'
21) 出入 : 관리의 인사이동, 전출입. 升黜 : 진급하거나 파면하다.
22) 敵(적) : 죄를 짓는 사람.

耶?[24] 何以異不爲史而榮其號、利其祿也?

又言“不有人禍, 則有天刑”. 若以罪夫前古之爲史者,[25] 然亦甚惑. 凡居其位, 思直其道.[26] 道苟直, 雖死不可回也; 如回之, 莫若亟去其位.[27] 孔子之困於魯、衛、陳、宋、蔡、齊、楚者, 其時暗, 諸侯不能行也.[28] 其不遇而死,[29] 不以作《春秋》故也. 當其時, 雖不作《春秋》, 孔子猶不遇而死也. 若周公、史佚,[30] 雖紀言書事, 猶遇且顯也.[31] 又不得以《春秋》爲孔子累.[32] 范曄悖亂,[33] 雖不爲史, 其宗族亦赤.[34] 司馬遷觸天子喜怒,[35] 班固不檢下,[36] 崔浩

23) 政事堂(정사당) : 재상이 정사를 처리하는 관청.
24) 內庭(내정) : 조정 안. 外衢(외구) : 조정 밖의 큰 길.
25) 罪(죄) : …의 탓으로 돌리다, … 에게 죄를 돌리다.
26) 思直其道 : 그의 正道를 발휘하려고 하다.
27) 亟(극) : 빠르다.
28) 孔子(공자) : 孔子는 정치주장을 널리 시행하기 위해 魯·衛·陳·宋·蔡·齊·楚 등 제후국에 유세를 갔으나 모두 받아들이지 않자 곤경에 빠졌다.
29) 不遇(불우) : 중용되지 못하다.
30) 史佚(사일) : 尹佚이라고도하는데 西周 초기 사관.
31) 顯(현) : 권세가 찬란하다. 혁혁하다.
32) 累(누) : 누를 끼치다.
33) 范曄(범엽) : 자는 蔚宗, 南朝 宋나라 사학가(398-445)로《後漢書》를 집필하였다. 宋 文帝 元嘉 22년 孔熙先 모반사건에 관련되어 멸족당했다.
34) 赤(적) : 아무 것도 없다. 몰살시키다.
35) 司馬遷(사마천)(B.C.145-86) : 자는 子長, 西漢 문학가, 사학가로

沽其直以鬭暴虜,[37] 皆非中道.[38] 左邱明以疾盲,[39] 出於不幸. 子夏不爲史亦盲,[40] 不可以是爲戒. 其餘皆不出此. 是退之宜守中道, 不忘其直, 無以他事自恐. 退之之恐, 唯在不直、[41]不得中道, 刑禍非所恐也.

凡言二百年文武士多有,[42] 誠如此者. 今退之

저서에 《史記》가 있다. 그는 太史令 재임 시 흉노족에 투항한 이릉(李陵) 장군을 변호하다가 漢 武帝 유철(劉徹)의 분노를 사서 하옥되어 宮刑에 처했다. 喜怒(희노) : 여기서는 偏義複詞用으로 '怒'의 뜻만 있음.

36) 班固(32-92) : 자는 孟堅이며 東漢 사학가로 저서에는 《漢書》가 있다. 그의 노비가 洛陽令 종긍(種兢)을 홀대하자 앙심을 품고 이후에 반고에게 복수를 하였다. 반고는 대장군 두헌(竇憲)이 흉노족을 공격할 때 종군하여 中護軍이 되었다. 후에 두헌이 직권을 남용하여 피살되자, 그도 연루되어 종긍에게 잡혀가 옥사하였다.

37) 崔浩(최호)(?-450) : 자는 伯淵으로 北魏 때 사학자로 저서로는 《國書》가 있다. 그는 漢族이지만 北魏의 국사를 편찬하여, 완성된 《국서》 30권은 편년체에다 춘추필법을 따랐다. 그리고 《국서》를 완성한 후 이것을 돌에 새겼다. 최호 등은 국사를 편찬하면서 북위 창업과정에서 부터 모든 내용을 숨김없이 표현하였는데, 그 기록 속에는 북위 鮮卑族 조상들의 불명예스러운 '國惡'을 폭로하였다. 이로 인해 선비 귀족들의 분노를 샀으며 최씨 일족은 물론 화북지방 한족 명문귀족 128명이 태무제에 의해 주살되었다. 沽(고) : 팔다. 虜(노) : 이전에 북방 소수민족을 멸시해서 지칭한 말. 北魏는 선비족이 건립한 왕조이므로 유종원은 "虜"라고 지칭하였다.

38) 中道 : 유종원 이상 중의 정치기준과 도덕규범.

39) 左丘明(좌구명) : 춘추 때 魯나라 사람으로 《左傳》과 《國語》가 그의 저작으로 전해진다. 병으로 두 눈이 실명되었다.

40) 子夏(자하) : 이름은 卜商, 子는 子夏, 춘추시대 위(衛)나라 사람으로 孔子 제자이다. 아들이 죽었기에 울어서 두 눈이 실명되었다.

41) 直(직) : 正道無私.

42) 文武士(문무사) : 文官과 武將.

曰: 我一人也, 何能明? 則同職者又所云若是, 後來繼今者又所云若是, 人人皆曰我一人, 則卒誰能紀傳之耶? 如退之但以所聞知孜孜不敢怠, 同職者、後來繼今者, 亦各以所聞知孜孜不敢怠,[43)]則庶幾不墜,[44)]使卒有明也. 不然, 徒信人口語, 每每異辭, 日以滋久, 則所云 "磊磊軒天地"者,[45)]決必沈沒, 且亂雜無可考, 非有志者所忍恣也.[46)]果有志, 豈當待人督責迫蹙然後爲官守耶?[47)]

又凡鬼神事, 渺茫荒惑無可准, 明者所不道, 退之之智而猶懼於此. 今學如退之, 辭如退之, 好議論如退之, 慷慨自謂正直行行焉如退之,[48)]猶所云若是, 則唐之史述其卒無可託乎? 明天子賢宰相得史才如此, 而又不果, 甚可痛哉! 退之宜更思, 可爲速爲果卒以爲恐懼不敢, 則一日可引去,[49)]又何以

---

43) 孜孜(자자) : 힘쓰다. 怠 : 태만하다.
44) 庶幾(서기) : 아마. 墜(추) : 빠뜨리다.
45) 磊磊(뇌뇌) : 재기가 탁월하다. 軒天地(헌천지) : 하늘을 떠받치고 땅 위에 우뚝 서다.
46) 忍恣(인자) : 용인하다.
47) 迫蹙(박축) : 다그치며 재촉하다. 爲官守 : 관리의 직책을 다하다.
48) 行行(행행) : 굳세다, 강직하다.
49) 引去(인거) : 떠나다. 사직하다.

云“行且謀”也?[50] 今當爲而不爲, 又誘館中他人及後生者,[51] 此大惑已. 不勉己而欲勉人, 難矣哉!

◈ 여한유논사관서 번역

정월 21일 유종원이 퇴지에 머리를 조아리며 편지 올립니다. 이전에 받은 편지에 史官 일을 하고 싶지 않다고 하면서 그 이유는 모두 劉秀才에게 쓴 편지에 모든 의견이 있다고 하여 이제 그 편지를 구해 읽어보니 마음이 불쾌합니다. 왕년에 퇴지가 사관을 의론한 논조와 많이 너무 다르기 때문입니다.

만약 편지에서 말한 대로라면 퇴지는 하루라도 사관에 머무르는 것은 적합지 않습니다. 어찌 재상의 의중을 엿보면서 구차하게 사관의 자리로 퇴지 한 사람을 영화롭게 할 생각만 하고 있습니까? 만약 이렇다면 퇴지는 어찌 재상이 자기에게 준 영예를 그냥 받고 사관에서 이름뿐인 관직을 차지하여, 왕궁의 요직에 접근하여 봉록을 받고, 史料를 관리하는 하급관리를 부려먹으며, 국가의 종이와 붓을 이용하여 개인적인 저술을 하고 자제를 부양할 비용을 챙길 수 있겠습니까? 옛날에 정치이상에 뜻을 둔 사람은 이렇게 하지 않았습니다.

---

50) 行且謀(행차모) : 한유가 劉秀才에게 보낸 편지에서 “行且謀引去”가 있으므로 이곳에서의 의미는 “멀지 않아 그만 두다.”
51) 後生者(후생자) : 젊은 사람.

또한 퇴지는 역사를 기록하는 사람에게는 刑禍가 있다고 여겨 임무를 회피하고 일을 하지 않으려고 했으니, 더욱 잘못된 것 입니다. 사관은 문자로써 사람에 대하여 포폄(褒貶) 할 수 있는데 오히려 두려워 떨면서 하려고 하지 않습니다. 만약 퇴지가 어사중승대부(御史中丞大夫)가 되면 포폄이 사람의 성패에 영향을 주는 것이 더욱 분명히 드러날 것입니다. 마땅히 더욱 두려워 떨어야 할 터인데, 설마 의기양양하게 대부(臺府)에 들어가 종일 포식하고 아무 일도 하지 않고 단지 매일 조정에 나가 만세만 부르겠습니까? 어사의 경우에도 이와 같은데 만약 퇴지가 재상이 되면 천하의 인물을 살리고 죽이며, 관리의 전출입, 진급하고 파면하는 권력을 가지게 되어 적이 되는 사람이 더욱 많아질 것입니다. 그래도 또 의기양양하게 政事堂에 들어가 직책을 다하지 않으며 자리만 차지하고 국록을 받아먹으며, 조정 안과 조정 밖 큰 길을 어슬렁거리며 기세등등하겠습니까? 어찌 사관의 실제 일을 하지 않고 사관의 칭호만 영화롭게 여기고 봉록만 이익으로 여기는 것과 다를 수 있겠습니까?

또 "人禍가 있지 않으면 천형(天刑)이 있다."고 하여 마치 옛날에 사관이 죄를 당한 것 같다고 했는데 이것 역시 매우 어리석은 것 입니다. 무릇 사관 지위에서 正道를 펼칠 것을 생각해야 합니다. 만약 正道를 펼칠 수 있다면 비록 죽어도 뜻을 굽혀서는 안 되지요. 만약 뜻을 굽힌다면 빨리 그 지위를 떠나는 것이 낫습니다. 공자가 魯·衛·陳·宋·蔡·齊·楚 등의 제후국에서 곤경에 처했는데, 그 시대가 암담했고 제후들이 도를 행하지 못했기 때문입니다. 불우하게 죽은 이유 또한《春秋》를 저술했기 때문이 아닙니다. 그 때는 비록《春秋》를 저술하지 않았어도 공자는 역시 불우하게 죽었을 것입니다. 周公 · 史佚은 역사적 사실을 기록했지만 오히려 중용되고 지위도 높았습니다. 그러므로《春秋》로 공자에게 누가 되었다고 할 수 없습니다. 范曄은 모반을 일으켰는데, 비록 역사를 저술하지 않았다 해도 그의 집안은 멸족 당했을 것입니다. 司馬遷은 천자의 노여움을 샀고, 班固는 아랫사람을 단속하지 못했으며, 崔浩는 정직함을 과시하고 포악한 鮮卑 통치가와 대항하였는데, 행위가 모두 中道를 지키지 않았기 때문입니다. 左丘明은 병으로 실명되었으니 불행한 운명 때문입니다. 子夏는 역사를 저술하지 않아도 눈이 멀었으니 그들의 사례로 경계를 삼을 수는 없습니다. 다른 사관의 불행한 처지는 모두 역사를 기록한 이유가 아닙니다. 이 때문에 퇴지는 마땅히 中道를 지키고 정직해야 된다는 것을 잊지 말고 다른 일로 두려워해서는 안됩니다. 퇴지가 두려워해야 할 것은 오직 정직하지 못할까 中道를 얻지 못할까 하는 것들이며, 형벌과 재앙은 두려워할 것이 아닙니다.

200 년 동안 문무백관은 많은데 진실로 이와 같습니다. 지금 퇴지가 말하길: "단지 나 한 사람으로 무엇을 밝힐 수 있을까?' 라고 하면 동료들도 또 당신 같이 이렇게 말할 것이고, 이후에 사관을 이어받은 사람도 또한 하는 말이 이와 같을 것이요, 사람마다 모두 다만 나 한 사람이라고 말하면 마침내 누가 역사

를 기록하여 전할 수 있겠습니까? 만약 퇴지가 듣고 자기가 아는 자료를 태만하지 않고 부지런히 기록한다면, 동료들과 사관의 후임도 자기가 아는 것을 부지런히 하고 태만하지 않게 기록할 것 입니다. 그렇지 않으면 다만 사람들이 말하는 것만 믿고 매번 표현이 달라지고 이대로 간다면 이른바 "재기가 탁월한 걸출한 인물의 事迹"들도 반드시 파묻히거나 失傳됩니다. 하물며 구두로 전해지는 것은 眞僞가 섞이어 심사할 방법이 없으니 이것은 역사를 편찬하는 것에 뜻이 있는 사람이 용인할 수 있는 것은 아닙니다. 과연 뜻이 있다면 어찌 사람들이 다그치며 재촉하기를 기다려서야 사관의 직책을 하려고 합니까?

또 무릇 귀신의 일은 황당하고 근거가 없어서 사리에 밝은 사람들은 언급하지 않습니다. 퇴지 같이 총명한 사람이 오히려 이것을 두려워하다니요. 오늘날 퇴지 같이 학문이 있고 문장도 잘 쓰며 의론을 좋아하고 비분강개하며 스스로 정직하고 강직한 사람이 또 하는 말이 이와 같다면 당나라 역사의 저술을 마침내 부탁할 사람이 없는 것인가요? 사리에 밝은 천자와 현명한 재상이 이와 같이 역사를 잘 편찬하는 인재를 얻었는데 오히려 성과가 없다니 심히 통탄할 일입니다. 퇴지는 마땅히 다시 고려하여 할 수 있으면 빨리 해야 합니다. 진짜로 마침내 두렵고 떨려서 못하면 하루라도 빨리 사직해야지 또 왜 "멀지 않아 그만 두다"는 말을 하려는 겁니까? 지금 마땅히 해야 할 일을 하지 않고 같은 館中의 다른 사람과 젊은이를 끌어들여 하라고 하면 이것은 너무 어리석은 것입니다. 자기를 분발하여 애쓰지 않으면서 남을 격려하려고 하니 곤란합니다.

◈ 작품 분석 및 감상

이 문장은 유종원과 한유가 史官문제를 論辯하는 편지로 元和 9년(814년) 永州에서 저술하였다. 韓愈는 元和 8년 6월 史官修撰이 되었다. 후에 한유가 劉秀才에게 준 편지에서 "(사관이 된 사람은) 人災가 없으면 天刑이 있다."(不有人禍, 則有天刑)고 하였는데, 유종원은 한유가 역대 사관의 불행을 심히 왜곡하였고, "멀지 않아 그만 둔다" (行且謀)고 핑계를 대고 역사를 수정하지 않는 것이며, "정직하지 않고 중용의 도를 지킬 수 없는"(不直, 不得中道) 현재 지위를 유지하기 위한 변명이라고 비난한 것이다. 유종원은 역사적으로 유명한 인물을 내세우면서 "종일 포식하고 아무 일도 하지 않으며 조정을 들락날락하며 큰소리만 치며"(美食安坐, 行呼唱於朝廷), "역사를 기록하지 않으면서 사관이라는 칭호만 영화롭게 여기고 봉록만 이익으로 여기는"(爲史而榮其號、利其祿也.)비열한 행위를 천시하였다. 유종원은 한유와 개인적으로 친분관계에 있지만 원칙을 저버리지 않고 본인의 굳건한 정치입장과 정직한 성품을 표출하였다. "역사를 기록하는 사람에게는 刑禍가 있다 하여 임무를 회피하고 추진하려 하지 않는" (紀錄者有刑禍, 避不肯就.)

한유의 오류를 반박하고 "道에 뜻이 있다"(志於道)는 한유의 허위성을 폭로하는 등 기세등등한 필력을 볼 수 있다.

한유는 유수재에게 준 편지에서 역사인물을 언급하면서 "天刑論"을 논거로 삼았다. 이에 유종원은 한유의 논거를 철저하게 반박하였는데, 孔子 · 范曄 · 崔浩 · 左丘明 · 子夏 등은 역사를 기록해서 불행한 것이 아니고 각각 그 원인이 있는 것이지 역사와는 무관한 것이라고 하였다.

문장의 마지막 단락에서는 "비분강개하며 스스로 정직하고 강직한 사람"(慷慨自謂正直行行焉如退之.)이라고 하여 한유가 역사를 편찬하는 것을 격려해주었지만 "자기는 분발하여 애쓰지 않으면서 남을 격려하려고 하는"(不勉己而欲勉人.) 한유를 충고하였다. 본문은 진리를 구하고 타협하지 않는 유종원의 투쟁정신을 충분히 표현하였고 설득력이 뛰어나며 질박한 감정적 특징을 잘 나타냈다.

與呂道州溫論非國語書

四月三日, 宗元白化光足下:[1] 近世之言理道者衆矣,[2] 率由大中而出者咸無焉.[3] 其言本儒術, 則迂迴茫洋而不知其適;[4] 其或切於事,[5] 則苛峭刻覈,[6] 不能從容,[7] 卒泥乎大道,[8] 甚者好怪而妄言, 推天引神, 以爲靈奇, 恍惚若化而終不可逐.[9] 故道

1) 化光 : 呂溫, 자는 化光, 山西省 河中 (현 산서성 永濟縣)사람으로, 王叔文 정치혁신 집단의 일원이다. 元和 3년(808년) 道州(현 호남성 道縣)자사로 부임하였기에 呂道州라 칭하였다. 足下 : 예전에 친구에 대한 경칭.
2) 理道 : 治道, 나라를 다스리는 道.
3) 率(솔) : 모두. 大中 : 유종원 이상 중의 정치체계와 도덕규범으로 "大中의 도"라 칭하기도 한다. 咸(함) : 모두, 다.
4) 適(적) : 따르다.
5) 切(절) : 접근하다.
6) 苛峭刻覈(가초각핵) : 너무 지나치게 경직되다.
7) 從容(종용) : 침착하다. 여기서는 민첩하고 변통이 있다는 뜻.
8) 卒(졸) : 마침내. 泥(이) : 완고하고 융통성이 없다. 大道 : 大中之道.

不明於天下, 而學者之至少也.

吾自得友君子,[10] 而後知中庸之門戶階室,[11] 漸染砥礪,[12] 幾乎道眞.[13] 然而常欲立言垂文,[14] 則恐而不敢. 今動作悖謬,[15] 以爲僇於世,[16] 身編夷人,[17] 名列囚籍.[18] 以道之窮也, 而施乎事者無日,[19] 故乃挽引[20], 强爲小書, 以志乎中之所得焉.[21]

常讀《國語》, 病其文勝而言尨,[22] 好詭以反倫,[23] 其道舛逆.[24] 而學者以其文也. 咸嗜悅焉,[25] 伏

---

9) 怳惚若化(황홀약화) : 허무맹랑하다. 헛되고 실속 없다. 逐(축) : 미치다.
10) 友 : 사귀다. 君子 : 呂溫.
11) 中庸(중용) : 大中之道. 門戶階室(문호계실) : 문에 들어가 계단을 올라가서 방에 들어가다. 곧 얕은 뜻에서 심오한 뜻으로 심화되는 인식과정을 비유.
12) 漸染(점염) : 점진적으로 영향을 받다. 砥礪(지려) : 연마하다.
13) 幾乎(기호) : 거의. 道 : 大中之道. 眞 : 참뜻.
14) 立言垂文(입언수문) : 저서와 훌륭한 학설을 후세에 전하다.
15) 悖謬(패류) : 언행이 황당무계하여 사리에 부합되지 않다. 이것은 작자가 격분을 나타낸 반의어이다.
16) 僇(육) : 모욕하다. 僇於世 : 세상 사람에게 모욕하고 조소를 당하다.
17) 編(편) : 호적에 편입되다. 夷人 : 오랑캐 사람.
18) 囚籍(수적) : 죄수의 명부.
19) 施乎事者無日(시호사자무일) : 시행할 기회가 없다. 施 : 시행하다. 事 : 政事.
20) 挽引(만인) : 수집하다.
21) 志(지) : 記. 中 : 心中.
22) 病(병) : 불만이다. 文 : 文彩. 言 : 言論, 여기서는 내용. 尨(방) : 난잡하다.
23) 詭(궤) : 궤변. 反倫(반륜) : 도리에 위배되다.
24) 舛逆(천역) : 무질서하고 통하지 않다. 혼란스럽고 통하지 않다.
25) 嗜悅(기열) : 특별히 좋아하다.

膺呻吟者,[26] 至比六經,[27] 則溺其文必信其實,是聖人之道翳也.[28] 余勇不自制,以當後世之訕怒,[29] 輒乃黜其不臧,[30] 救世之謬. 凡爲六十七篇,命之曰《非國語》. 旣就,累日怏怏然不喜,[31] 以道之難明而習俗之不可變也. 如其知我者果誰歟?[32] 凡今之及道者,果可知也已. 後之來者,則吾未之見,其可忽耶?[33] 故思欲盡其瑕纇,[34] 以別白中正.[35] 度成吾書者,[36] 非化光而誰? 輒令往一通,惟少留視役慮,[37] 以卒相之也.[38]

往時致用作《孟子評》,[39] 有韋詞者告余曰:[40]

---

26) 伏膺(복응) : 우러러 탄복하다. 呻吟(신음) : 반복해서 소리 내어 읽다.
27) 至(지) : 甚至於, 심지어. 六經 : 《詩》·《書》·《禮》·《易》·《樂》·《春秋》의 유가경전.
28) 是(시) : 於是. 그래서, 그리하여. 翳(예) : 덮어 감추다.
29) 當(당) : 감당하다. 訕(산) : 비방하다.
30) 輒乃(첩내) : 이에 곧. 黜(출) : 지탄하다, 책망하다. 臧(장) : 착하다, 좋다.
31) 累(누) : 연일. 며칠 동안. 怏怏然(앙앙연) : 불만스러운 모양.
32) 如其(여기) : 만약.
33) 忽(홀) : 忽視.
34) 盡(진) : 일일이 열거하다. 瑕(하) : 옥의 티. 瑕纇(하뢰) : 사물의 결점.
35) 別白(별백) : 분명하게 가리다. 中正 : 정확하다.
36) 度(도) : 예상하다. 고려하다.
37) 惟(유) : 여기에서는 '바라다'는 뜻. 役慮(역려) : 연구하다. 머리를 쓰다.
38) 相(상) : 돕다.
39) 往時(왕시) : 종전에. 致用(치용) : 李景儉, 자는 致用으로 王叔民 정치 혁신집단의 일원이다. 그의 《孟子評》은 失傳되었다.
40) 韋詞(위사) : 자는 踐之로 유종원의 친구이다.

"吾以致用書示路子,[41] 路子曰: '善則善矣, 然昔人爲書者, 豈若是摭前人耶?' "[42] 韋子賢斯言也.[43] 余曰: "致用之志以明道也, 非以摭《孟子》, 蓋求諸中而表乎世焉爾."[44] 今余爲是書, 非左氏尤甚.[45] 若二子者, 固世之好言者也,[46] 而猶出乎是, 況不及是者滋衆, 則余之望乎世也愈狹矣,[47] 卒如之何? 苟不悖於聖道,[48] 而有以啓明者之慮, 則用是罪余者,[49] 雖累百世滋不憾而恧焉![50] 於化光何如哉? 激乎中必厲乎外,[51] 想不思而得也. 宗元白.

---

41) 路子(노자) : 路隋, 유종원의 친구. 子 : 姓 뒤에 붙여 존경을 나타냄.
42) 若是 : 이렇다면, 이와 같이. 摭(척) : 들추다. 트집 잡다.
43) 賢(현) : 칭찬하다.
44) 諸(제) : 之於의 축약. 中 : 大中의 道. 表乎世 : 세상에 공포하다.
45) 左氏 : 《國語》의 작자 左丘明.
46) 好言者 : 의론을 좋아하는 사람. 본문에서는 견해가 있는 사람.
47) 愈狹(유협) : 더욱 작다.
48) 苟(구) : 만약. 悖(패) : 위배되다.
49) 用是(용시) : 이것으로. 〈非國語〉를 쓴 것으로.
50) 恧(육) : 부끄럽다.
51) 激(격) : 격동하다. 中 : 내심. 厲(여) : 과격하다. 도를 넘다.

◈ 여여도주온논비국어서 번역

4월 3일, 종원이 화광에게 쓰다. 요즘 나라 다스리는 도를 말하는 사람이 많은데 "大中의 道"로부터 의론을 출발하는 사람은 한 사람도 없다. 그들의 말은 유가의 학설을 근본으로 하면 생각이 뒤엉키고 아득하여 어디로 가는지 모르겠고, 어떤 때 제가 접근하면 너무 지나치게 경직되어 변통할 수 없어 마침내 "大中之道"가 통하지 않는다. 심한 경우에는 괴이한 것을 좋아하고 망언을 하고 天命과 귀신을 끌어 들여 영험이 있다고 하고 허무맹랑하게 말하여 시종 사람들이 짐작할 수 없다. 그러므로 "大中之道"는 천하 사람들이 이해할 수 없고, 밝혀지지 않으며, 그것을 배우고 깨닫는 사람도 아주 적다.

나는 너와 사귄 이후에 "大中의 도"의 얕은 뜻에서부터 심오한 뜻을 알게 되었다. 점진적으로 영향을 받고 연마해서야 "대중의 도" 의 참뜻을 거의 이해했다. 그러나 늘 저서와 훌륭한 학설을 후세에 전하고 싶어도 두려워 감히 하지는 못했다. 지금 언행이 황당무계하고 사리에 부합되지 않아 세상 사람들에게 모욕과 조소를 당했다. 호적은 오랑캐 사람에 편입되고 이름은 죄수의 명부에 올랐다. 나의 정치주장과 이상은 궁지에 빠지고 政事를 시행할 기회가 없었다. 그러므로 이전의 말씀을 수집하여 억지로 소책자를 써서 마음속에 터득한 것을 적었다.

예전에 《國語》를 읽었는데 그 文辭가 화려하고 내용이 잡다하면서, 궤변을 좋아하고 윤리에 어긋나 《國語》에서 말하는 도가 혼란스럽고 통하지 않은 것이 불만이었다. 그러나 배우는 자들은 그 화려한 문사 때문에 모두 특별히 좋아하고, 《國語》에 탄복하고 반복하여 낭독하는 사람은 심지어 육경과 비교하였다. 그런즉 그 문사에 빠지면 반드시 그 내용을 믿으니 성인의 도가 덮어 감추어지는 것이다. 나는 용기를 자제하지 못하고 후세의 비방과 분노를 감당하려 하여, 이에 《國語》의 잘못된 것을 지탄하고 세인의 부정확한 견해를 바로 잡고자 하였다. 그리하여 모두 67편으로 《非國語》라고 이름을 지었다. 완성하고 나서 며칠 동안 불만스럽고 기쁘지 않았다. 왜냐하면 "대중의 도"는 사람들이 이해하기 어렵고 습속도 바꾸기 어렵기 때문이었다. 나를 알아주는 자는 과연 누구일까? 지금 "대중의 도"를 이해하는 사람은 과연 알아줄 수도 있겠지. 후세 사람을 내가 보지 못하지만 어찌 소홀히 할 수 있겠는가? 그러므로 《國語》의 잘못된 부분을 모두 드러내어 무엇이 정확한지 분명하게 가리고 싶다. 내 책을 완성시켜줄 사람이 화광 아니면 누구겠는가? 그래서 이렇게 한 부를 보내니 잠시 유념하여 살펴보고 완성할 수 있도록 도와주시게.

예전에 李致用이 《孟子評》을 썼는데 위사(韋詞)가 내게 말하길: "제가 치용의 책을 路선생에게 보여주니, 노선생이 말하길: '좋긴 좋은데 옛 사람들이 책을 쓸 때 어찌 이와 같이 이전 사람들의 결점을 들추었겠나?'라고 노선생의 말을 칭찬하였다. 내가 말하길: "치용의 뜻은 '대중의 도'를 밝히려는 것이지 맹자의 결점을 들추려는 것은 아니었다. 다만 '대중의 도'로부터 진리를 구하여 세상에 공포한 것일 뿐이지"라고 했지. 지금 나는 이 책을 쓰면서 左丘明을 더욱 심하게 비난했다. 앞의 韋詞와 노선생 두 사람은 본래 세상에서 견해가 있는 사람들이어서 이런 말을 했지만, 하물며 이 두 사람에 이르지 못한 자들이 더욱 많아지면, 내가 세상 사람에게 바랄 수 있는 것이 더욱 작아질 것이니 마침내 어찌 해야 하겠는가? 만약 성인의 도에 어그러지지 않으면서 식견 있는 자의 생각으로 나를 탓한다면 비록 수백 년이 지나도 이에 유감이나 부끄럼이 없을 것이다. 화광 당신은 어떠합니까? 마음 속이 격동되면 반드시 言辭로 밖에 과격하게 드러나니 당신은 생각하지 않아도 나의 마음을 이해할 것이다. 종원 쓰다.

◈ 작품 감상 및 분석

《國語》는 西周 말부터 춘추시기의 역사사실을 기록한 책으로 문학적으로도 높은 평가를 받았다. 그러나 "당시 배우는 지들은 그 화려한 문사 때문에 모두 특별히 좋아하고,《國語》를 탄복하고 반복하여 낭독하는 사람들이 심지어 육경과 비교"(學者以其文也. 咸嗜悅焉, 伏膺呻吟者, 至比六經)하고,《國語》 내용 중 귀신과 天命에 관한 것에 미혹되고, 심한 경우에는 기괴한 것을 좋아하고 망언을 일삼아 하늘을 부르고 귀신을 끌어들이는 영험이 있다고 하였다. 유종원은 이러한 문제에 대하여 명확하게 인식하고 대담하게 폭로한 것이다. 작가는 805년 개혁실패로 永州司馬로 유배 가서 처한 환경이 아주 열악하였지만 "《國語》의 잘못된 것을 지탄하고 세인의 부정확한 견해를 바로 잡고"(輒乃黜其不臧, 救世之謬) "용기를 자제하지 못하며"(勇不自制) 808년에서 809년에《國語》를 비판하는 글《非國語》 67편을 저술하였다. 그의 친구인 道州刺史 呂溫(王叔文 개혁파의 일원으로 唐 憲宗 3년에 道州로 귀양 갔음)에게《非國語》 1권과 편지를 보내어 그의 의견을 듣고 책을 완성하려 하였다. "대중의 도는 사람들이 이해하기 어렵고 습속을 바꾸기 힘들기 때문" (以道之難明而習俗之不可變也.)이라고 그의 분명한 저술의도를 표현하였다. 본문은 3단계로 나눌 수 있다.

첫 번째 단락에서는 근래 나라를 다스리는 도리를 말하는 사람은 많지만 大中의 道에 부합되는 사람은 없다. 심지어 기괴한 것을 좋아하고 망언을 일삼아 하늘을 부르고 귀신을 끌어들이며 영험이 있다고 하여 정신을 못 차리는 경우도 있다. 中庸은 유가의 기본 도덕으로《論語 · 雍也》에서는 "일을 처리하는데 치우침이 없어야 한다"(中庸之爲德也, 其至矣乎)고 하였다. 작가는 본문에서는 "중용"을 "大中"의 의미로 사용하였지만 유가의 뜻과는 거리가 있는 것이다. 곧 도가, 묵가, 법가 등 각 사상가의 장점을 모아 조화를 이루는 것으로 사용되었다. 이에 작가는 부단한 학습과 사고를 통하여 "중용"의 도를 장악하였다. 그러나 글을 써서 후세에 전하려고 하나 유배생활을 하고 있기에 조롱을 당할 까봐 다만 이전 사람의 학설만을 소개하고 자기의 마음만을 적고자 하였다.

두 번째 단락에서는《非國語》67편을 지어《國語》에 대한 당시 사람들의 잘못된 견해를 시정하고자 하였다. 그는 이전에《國語》를 읽었지만 文辭가 너무 화려하고 내용이 방대하며, 복잡하고 귀신과 일반 상식에 어긋나는 것이 있어 불만을 가지고 있었다. 그러나 일부 학자들은《國語》의 문사에 심취되고 그 내용을 굳게 믿으며, 심지어는《詩經》·《書經》·《易經》등 유가경전과 비교하기에 성인의 大中의 道는 가리어졌다. 이에 후세의 많은 비판을 받을 것을 각오하고《國語》중의 오류를 반박 수정하여 모두 67편을 저술하였다. 이것을 친구인 여온에게 보내 의견을 구하여 완성도를 높이고자 했다.

세 번째 단락에서는 과거 왕숙문 개혁 집단의 한 사람인 그의 친구가 쓴《孟子評》은 맹자를 비평하기 위해 쓴 것이 아니라 단지 정확한 의미, 곧 "치용의 도는 대중의 道를 밝히기 위해서" 쓴 것이고, 마찬가지로 左丘明을 비판하기 위해 저술한 것이 아니고 "성인의 도에 어그러지지 않으면서 밝은 길을 열 수 있는"생각으로 저술하였다고 고백하였다.

賀進士王參元失火書

得楊八書,[1] 知足下遇火災,[2] 家無餘儲. 僕始聞而駭,[3] 中而疑, 終乃大喜, 蓋將弔而更以賀也. 道遠言略,[4] 猶未能究知其狀.[5] 若果蕩焉泯焉而悉無有,[6] 乃吾所以尤賀者也.[7]

足下勤奉養,[8] 寧朝夕,[9] 唯恬安無事是望也. 乃

1) 楊八(양팔) : 이름은 敬之, 자는 茂孝로 서열이 여덟 번째이고 유종원 장인의 조카이다.
2) 足下(족하) : 동년배에 대한 존칭. 王參元 : 유종원 친구로, 元和 2년(807)에 進士에 급제하였다.
3) 僕(복) : 자신에 대한 겸칭. 駭(해) : 놀라다.
4) 道遠(도원) : 王參元은 장안에 있고, 유종원은 永州에 있어 두 사람은 서로 멀리 떨어져 있다. 言略(언략) : 楊八의 편지 내용이 간략하다.
5) 究(구) : 모두.
6) 蕩(탕) : 불에 타다. 泯(민) : 상실하다. 없어지다. 悉(실) : 전부.
7) 尤(우) : 더욱.
8) 勤(근) : 부지런하다.
9) 寧朝夕(영조석) : 아침저녁으로 문안하다.

今有焚煬赫烈之虞,[10] 以震駭左右, 而脂膏滫瀡之具,[11] 或以不給, 吾是以始而駭也. 凡人之言, 皆曰: "盈虛倚伏,[12] 去來之不可常."[13] 或將大有爲也, 乃始厄困震悸, 於是有水火之孽,[14] 有羣小之慍.[15] 勞苦變動, 而後能光明, 古之人皆然. 斯道遼闊誕漫,[16] 雖聖人不能以是必信, 是故中而疑也. 以足下讀古人書, 爲文章, 善小學,[17] 其爲多能若是, 而進不能出羣士之上,[18] 以取顯貴者, 無他故焉, 京城人多言足下家有積貨.[19] 士之好廉名者, 皆畏忌不敢道足下之善. 獨自得之, 心蓄之, 銜忍而不出諸口, 以公道之難明, 而世之多嫌也.[20] 一出口, 則嗤嗤者以爲得重賂.[21] 僕自貞元十五年,[22] 見足下

---

10) 煬(양) : 불에 타다. 赫烈(혁열) : 불길이 세찬 모양. 虞(우) : 걱정하다.
11) 脂膏滫瀡之具(지고수수지구) : 요리하는 기구이지만 여기에서는 생활용품.
12) 盈虛倚伏(영허의복) : 禍福相依.《老子》: "禍兮福之所倚, 福兮禍之所伏." 盈 : 滿. 虛 : 虧. 倚 : 依托. 伏 : 숨어있다.
13) 常(상) : 영원불변하다.
14) 孽(얼) : 재난.
15) 慍(온) : 화내다. 분노하다.
16) 斯道(사도) : 이 도리. 遼闊誕漫(요활탄만) : 크고 허황하다.
17) 小學(소학) : 고대 문자학, 성운학, 훈고학을 총칭함.
18) 進(진) : 벼슬하다.
19) 積貨(적화) : 금전, 재화.
20) 嫌(혐) : 혐의. 의심하다.

之文章, 蓄之者蓋六七年未嘗言. 是僕私一身而負公道久矣,[23] 非特負足下也. 及爲御史尙書郞,[24] 自以幸爲天子近臣, 得奮其舌,[25] 思以發明足下之鬱塞,[26] 然時稱道於行列,[27] 猶有顧視而竊笑者. 僕良恨修己之不亮,[28] 素譽之不立,[29] 而爲世嫌之所加, 常與孟幾道言而痛之.[30] 乃今幸爲天火之所滌盪, 凡衆之疑慮, 擧爲灰埃. 黔其廬,[31] 赭其垣,[32] 以示其無有, 而足下之才能乃可顯白而不汚. 其實出矣,[33] 是祝融、回祿之相吾子也.[34] 則僕與幾道十

---

21) 嗤嗤(치치) : 비웃는 모양. 賂(뇌) : 뇌물을 주다.
22) 貞元十五年 : 유종원이 集賢殿書院正字에 임명된 해.
23) 私一身(사일신) : 자기의 私利를 생각하다. '뇌물 혐의를 면하기 위해 王參元을 공개적으로 천거하지 않았다.'는 의미가 담겨있다.
24) 御史(어사) : 貞元 19년(803) 유종원은 감찰어사로 일하다. 尙書郞 : 정원 21년(805) 유종원은 禮部員外郞에 임명되다.
25) 得奮其舌(득분기설) : 진언할 기회를 얻다.
26) 發明(발명) : 분명하게 밝히다. 鬱塞(울색) : 막히다. 여기서는 재능이 있으면서도 펼 기회를 만나지 못하다.
27) 行列(행렬) : 조정의 동료.
28) 良恨(양한) : 深恨. 亮(양) : 傑出하다. 뛰어나다.
29) 素譽(소예) : 청렴한 명예.
30) 孟幾道(맹기도) : 孟簡, 자는 기도로 戶部侍郞과 御史中丞을 역임하였다. 유종원과 친한 사이이다.
31) 黔(검) : 흑색. 여기서는 타서 검게 되다.
32) 赭(자) : 붉은 색. 여기서는 불에 달아서 빨갛게 되다. 垣(원) : 담장.
33) 其實(기실) : 당신의 진실한 상황.
34) 祝融、回祿(축융 · 회록) : 전설 속의 火神. 相 : 돕다.

年之相知, 不若茲火一夕之爲足下譽也. 有而彰之,[35] 使夫蓄於心者, 咸得開其喙,[36] 發策決科者,[37] 授子而不慄.[38] 雖欲如向之蓄縮受侮,[39] 其可得乎! 於茲吾有望於爾,[40] 是以終乃大喜也. 古者列國有災, 同位者皆相弔.[41] 許不弔災,[42] 君子惡之. 今吾之所陳若是, 有以異乎古,[43] 故將弔而更以賀也. 顔、曾之養,[44] 其爲樂也大矣, 又何闕焉?[45]

足下前要僕文章古書, 極不忘, 候得數十篇乃并往耳.[46] 吳二十一武陵來,[47] 言足下爲〈醉賦〉及

---

35) 有(유) : 용서하다. 돕다. 彰(창) : 드러나다. 명백하다.
36) 喙(훼) : 짐승의 주둥이. 여기서는 사람의 입.
37) 發策決科者(발책결과자) : 과거시험을 주관하는 관리. 發策 : 시험문제를 출제하다. 決科者 : 성적을 판정하다.
38) 慄(율) : 두려워하다.
39) 向(향) : 예전에. 蓄(축) : 마음에 담아두고 말을 하지 않음. 縮(축) : 혐의를 피하려고 움츠러들다.
40) 於茲(어자) : 이에서부터. 爾(이) : 너.
41) 同位者(동위자) : 동등한 지위의 제후국.
42) 許不弔災 : 許國이 가서 화재난 것을 위로하지 않아 군자들이 허국에 대하여 증오가 일어났다.《左傳 · 昭公十八》: "陳不救火, 許不弔災, 君子是以知陳許之先亡也."
43) 有以異乎古 : 고대 허국의 상황과 좀 다르다.
44) 顔、曾 : 顔回(안회) · 曾子(증자). 모두 孔子 제자로 安貧樂道하였다. 養(양) : 봉양하다.
45) 闕(궐) : 缺. 결핍하다.
46) 候得(후득) : 기다려서 얻다. 并往(병왕) : 같이 보내다.
47) 吳二十一武陵 : 吳武陵으로 유종원과 교유하였다. 元和 3년(808) 永州에 유배 갔다. 二十一은 吳武陵 종형제 서열 21번째를 뜻함.

〈對問〉, 大善, 可寄一本. 僕近亦好作文, 與在京城時頗異. 思與足下輩言之, 桎梏甚固,[48] 未可得也. 因人南來, 致書訪死生.[49] 不悉.[50] 宗元白.

◈ 하진사왕참원실화서 번역

양팔(楊八)의 편지를 받고 자네가 화재를 당해 집안에 남은 재산이 없게 되었다는 것을 알았습니다. 나는 그 소식을 듣고 처음에는 놀랐다가 중간에는 의혹이 일었다가 나중에는 매우 기뻐했습니다. 그래서 위로의 말을 전하려 했다가 다시 축하의 말을 전합니다. 멀리 떨어져 있고 편지 내용이 간략하여 그 상황을 모두 알 수는 없지만 만약 정말로 불에 타서 상실하여, 전부 아무 것도 남은 것이 없다면 내가 더욱 축하합니다.

자네는 부지런히 부모를 봉양하여 아침저녁으로 문안하고 오직 평안무사 하기만을 바랬습니다. 이제 화재로 가산을 모두 태워버린 우환을 만나 당신이 깜짝 놀랐을 것이고, 혹시 부모님께서 생활용품의 수요가 혹시 부족할까봐 나는 이 때문에 처음에는 놀랐습니다. 일반적인 사람들이 말하길: "모두 盛衰와 禍福이 서로 의존적이어서 왔다 갔다 반복하기에 영

48) 桎梏(질곡) : 유배로 속박당하다.
49) 訪(방) : 안부를 묻다.
50) 不悉(부실) : 상세하게 쓰지 못했다. 예전에 편지 말미에 쓰는 인사말.

원불변할 수 없다."고 하였습니다. 혹시 장차 무언가 큰일을 이루려고 할 적에 처음에는 곤경에 처해 두려워 떨게 되기도 합니다. 그래서 수재나 화재를 당하고 소인배들의 분노도 사기도 합니다. 수고와 고통을 겪은 뒤에 광명을 볼 수 있습니다. 옛날 사람들은 모두 그러하였습니다. 그러나 이 도리는 크고 허황되어 비록 성인이라도 이를 반드시 믿을 수 없었습니다. 그래서 곧 의심이 일어났습니다. 당신은 古書를 읽고 문장을 쓰며 소학에 뛰어나고, 다재다능하여 벼슬길에 올랐지만 일반 사대부를 뛰어넘어 자랑할 만한 지위를 얻지 못했으니 이것은 다른 이유가 없습니다. 경성 사람은 자네 집안에 재물이 많다는 말을 많이 했는데, 청렴하다는 명성을 좋아하는 사람들은 두려워하고 꺼려하여 모두 감히 당신의 재능을 칭찬하지 않고, 혼자만 알고 마음에 간직하면서 꾹 참고 차마 입 밖에 꺼내지 않았기 때문입니다. 그래서 공정한 도리는 밝히기 어렵고 세상에 의심하는 사람이 많은 것입니다. 자네를 훌륭하다고 말하면, 조소하는 사람들이 당신에게 많은 뇌물을 받았다고 여길 것입니다. 내가 貞元 15년(799)부터 자네의 문장을 보았는데 당신에 대한 칭찬을 6-7년 동안 마음에 간직하고 말을 하지 않았습니다. 이것은 오로지 개인 때문에 公道를 어긴지 오래 되고 당신만을 저버린 것이 아니었습니다. 監察御使와 尙書郞이 되자 스스로 생각하기를, 다행히 천자의 근신이 되어서 진언할 기회를 얻어, 천하의 억울하고 막힌 사람들의 입장을 밝게 드러내겠다고 생각했습니다. 그러나 동료 중에서 당신을 칭찬할 때 여전히 서로 바라보고 몰래 비웃는 사람들이 있었습니다. 나는 자신의 수양이 뛰어나지 못하고 청렴한 명예를 확립하지 못하여 세상 사람들의 의심을 받는 것이 정말 한스러웠다. 항상 맹기도(孟幾道)와 이에 관한 말을 하면서 마음 아파했습니다. 이제 다행히도 원인 불명의 失火에 자네의 재산이 깨끗이 타 없어져서 세상 사람들의 의심도 잿더미가 되었습니다. 집은 검게 타고 담도 붉게 타서 자네가 아무것도 없음을 보여주었습니다. 이제 당신의 재능은 밝게 드러나 더 이상 오명을 당하지 않습니다. 그 실상이 나타났으니 이는 축융(祝融) · 회록(回祿)의 火神이 자네를 도운 것 입니다. 그러한 즉 나와 맹기도가 10년 동안 자네의 재능을 마음속으로 알고 있었지만 이 불이 하루저녁에 당신을 명예롭게 해 주었다. 자네의 재능이 밝게 드러나서 마음에 쌓아두었던 사람은 이제 모두 입을 열 수 있게 되었습니다. 과거시험의 시험관은 이제 당신을 선발해도 더 이상 두렵지 않게 되었다. 비록 예전처럼 꾹 참고 위축되며 모욕을 받고자 해도 될 수 있겠습니까? 이에 나는 당신에게 큰 기대를 가집니다. 이 때문에 나중에는 마침내 크게 기뻐한 것입니다. 옛날 여러 제후국에 재난이 일어나면 다른 제후들은 모두 가서 위문했습니다. 그러나 許나라는 재난을 당한 나라를 위문하지 않아 군자들이 증오하였습니다. 지금 내가 말한 정황이 옛날과 다른 점이 있으니, 그러므로 위로를 하려다가 다시 축하를 하는 것 입니다. 안회와 증삼이 가난하면서 부모를 봉양하였는데도 그 즐거움이 컸으니 또한 무엇이 부족했겠습니까?

자네가 예전에 나의 문장과 고서를 보길 원하였는데 잊어버리지는 않고 수십 편 쌓이길 기다렸다가 같이 보내려고 했을 따름입니다. 오무릉이 영주에 와서 당신이 〈취부〉(醉賦)와 〈大問〉을 썼는데 아주 좋다고 말했으니 한 부 보내주었으면 합니다. 나도 근래 글쓰기를 좋아하여 경성에 있을 때와 상당히 다릅니다. 당신들과 이 방면의 문제를 말하고 싶지만 속박이 심하여 그럴 수 없습니다. 남쪽에서 사람이 와 그 편에 편지를 써서 안부를 묻습니다. 이만 줄입니다. 종원이 고합니다.

◈ 작품 감상 및 설명

王參元에 집에 화재가 발생하여 재산이 다 소실되었기에 사람들이 안타깝게 생각하는데 유종원은 오히려 축하를 하였다. 이것은 상식적인 도리에 반한 것인데 당시의 사회 부조리한 사회를 고발하는 것이다. 왜냐하면 집에 재산이 많으면 청렴하다고 생각하지 않고 수뢰해서 부를 축적했다고 여겼기 때문이다. 그는 화재로 무일푼이 되어 비로소 청렴한 상황이 된 것이다. 이것은 당시 사회 부패가 심하였고 뇌물이 홍행하는 암흑현실을 간접적으로 고발한 것이다. "그 소식을 듣고 처음에는 놀랐다가 중간에는 뭔가 의혹이 일었다가 나중에는 매우 기뻐했으니 그래서 위로의 말을 전하려 했다가 다시 축하의 말을 전하는 것 입니다."(僕始聞而駭, 中而疑, 終乃大喜, 蓋將弔而更以賀也.) 화재를 당했는데도 축하를 하는 이유를 다양한 심리과정을 통하여 표출하였다. 王參元은 부지런하고 부모를 봉양하여 평안하기만을 바란 사람인데 가산을 태워버린 우환을 만나 부모님께 음식 등을 잘 접대하지 못할까 바 이에 놀랐다고 하였다.

영허의복(盈虛倚伏)은 《老子》58장 "盛衰와 禍福이 서로 의존적이어서 왔다 갔다 반복하기에 영원불변할 수 없다."(禍兮福之所倚, 福兮禍之所伏.)에서 연유된 것이다. 불운을 당하고 있으면 행운으로 변할 수 있음을 알고서 지금에 처한 불운에 좌절하지 말고 행운을 맞을 준비를 하라는 것이다. 그러나 이것은 사실과 거리가 멀고 황당한 면이 있어 의혹을 품었다고 하였다.

王參元은 옛 사람의 책을 읽고 문장을 지으며 학문에 뛰어나지만, 높은 벼슬을 하지 못했다. 집안에 재물이 많기에, 훌륭하다고 말하는 것을 꺼려해서 마음에 쌓아두고 차마 입 밖에 꺼내지 않았다. 그래서 도를 공평하게 밝히기 어렵고 세상에 미워하는 사람이 많았다. 만약 훌륭하다는 말을 입에 담으면 자네로부터 막대한 뇌물을 받았다고 할까 염려했기 때문이다. 유종원은 정원 15년(799)부터 王參元의 문장을 보았는데 좋다는 말을 6-7년 동안 마음에 쌓아두고 하지 않았다. 심지어 감찰어사가 되었는데도 관리들 사이에서 때로 도에 대하여 말하면 오히려 돌아보고 몰래 비웃는 사람들이 있어 한탄을 한 적이 있다고 말하였다. 이제 다행히도 하늘이 내린 불에 재산이 깨끗이 타 없어져서 세상 사람들의 의심도 잿더미가 되었고, 재능은 오명을 쓰지 않고 밝게 드러났다. 재능이 밝게 드러나서 마음에 쌓아두었던 사람은 이제 모두 입을 열 수 있게 되었고 시책을 입안하고 결정하는 사람이 자네에게 자리를 주어도 두려워 떨지 않게 되었다. 때문에 유종원은 희망을 가지게 되었고 매우 기뻤으며 다시 축하를 하게 된 것이다.

유종원은 이러한 對比의 수사법으로 본인이 기쁜 이유를 역설적으로 설명하였고 당시의 공정하지 않은 시대의 폐단과 불합리한 제도 등을 규탄하였다.

答韋中立論師道書

二十一日, 宗元白:[1] 辱書云欲相師,[2] 僕道不篤,[3] 業甚淺近, 環顧其中,[4] 未見可師者. 雖常好言論, 爲文章, 甚不自是也.[5] 不意吾子自京師來蠻夷間,[6] 乃幸見取.[7] 僕自卜固無取,[8] 假令有取, 亦不敢爲人師. 爲衆人師且不敢, 況敢爲吾子師乎?

孟子稱 "人之患在好爲人師".[9] 由魏、晉氏以

---

1) 白(백) : 고백하다. 말을 전하다.
2) 辱(욕) : 겸양한 말로, …을 받다. 相師(상사) : 스승으로 모시기를 부탁하다.
3) 僕(복) : 자신의 겸칭. 道 : 덕행. 篤(독) : 깊고 두텁다.
4) 環顧其中(환고기중) : 자신을 돌이켜보다.
5) 甚(심) : 매우. 自是(자시) : 자기 자신이 긍정적이다.
6) 不意(불의) : 不料, 뜻밖에. 蠻夷間(만이간) : 유종원의 유배지 永州는 소수민족이 거주하는 편벽한 곳.
7) 見取(견취) : 채용되다. 본문에서는 마음에 들다.
8) 自卜(자복) : 스스로 예측하다. 추정하다.
9) 人之患(인지환) : 이 문장은《孟子 · 離婁上》에서 볼 수 있다. 好爲

下, 人益不事師. 今之世, 不聞有師, 有輒譁笑之, 以爲狂人. 獨韓愈奮不顧流俗, 犯笑侮, 收召後學, 作〈師說〉,[10] 因抗顔而爲師.[11] 世果羣怪聚罵, 指目牽引,[12] 而增與爲言辭.[13] 愈以是得狂名, 居長安, 炊不暇熟,[14] 又挈挈而東,[15] 如是者數矣.[16] 屈子賦曰:[17] "邑犬羣吠, 吠所怪也."[18] 僕往聞庸蜀之南,[19] 恒雨少日,[20] 日出則犬吠, 余以爲過言.[21] 前六七年, 僕來南, 二年冬, 幸大雪, 踰嶺被南越中數州,[22] 數

人師 : 본인은 아는 것이 많지 않지만 다른 사람을 가르쳐 주는 것을 좋아하다.

10) 師說(사설) : 한유가 당나라 德宗 18년(803년)에 저술한 문장이다. 스승의 역할을 강조하고 스승을 존경하는 중요성과 스승을 선택하는 원칙을 논술하여, 당시 사대부 계층이 스승에게 배우는 것을 부끄럽게 여기는 사회풍조를 비판하였다.
11) 抗顔(항안) : 태도가 엄정하고 굽히지 않는다.
12) 指目牽引(지목견인) : 눈짓을 하고 옷을 잡으며 모종의 뜻을 암시하다.
13) 增與爲言辭(증여위언사) : 말을 보태어 헛소문을 내다.
14) 炊不暇熟(취불가열) : 밥을 하는데 익을 시간이 없이. 시간이 아주 짧음을 가리킴.
15) 挈挈(설설) : 급박한 모양. 東 : 長安에서 동쪽으로 洛陽에 가다.
16) 數(삭) : 누차.
17) 屈子(굴자) : 屈原.
18) 邑犬羣吠, 吠所怪也(읍견군폐, 폐소괴야) : 《楚辭 · 九章》에 있는 문장. 많은 개들이 보지 못한 물건을 보고 같이 격렬하게 짖다.
19) 往(왕) : 예전에. 庸(용) : 옛날 나라 이름으로 지금의 湖北省 竹山縣, 蜀(촉) : 지금의 四川省.
20) 恒(항) : 항상.
21) 過言(과언) : 지나친 말.

州之犬, 皆蒼黃吠噬狂走者累日,[23] 至無雪乃已, 然後始信前所聞者. 今韓愈旣自以爲蜀之日, 而吾子又欲使吾爲越之雪, 不以病乎?[24] 非獨見病, 亦以病吾子. 然雪與日豈有過哉? 顧吠者犬耳.[25] 度今天下不吠者幾人,[26] 而誰敢衒怪於羣目,[27] 以召鬧取怒乎?

僕自謫過以來,[28] 益少志慮. 居南中九年, 增脚氣病, 漸不喜鬧, 豈可使呶呶者早暮咈吾耳、[29] 騷吾心? 則固僵仆煩憒,[30] 愈不可過矣. 平居望外,[31] 遭齒舌不少,[32] 獨欠爲人師耳.

抑又聞之,[33] 古者重冠禮,[34] 將以責成人之道,

---

22) 嶺(영) : 호남성 · 강서성 · (옛)광서성와 광동성에 걸쳐 있는 5령(越城嶺 · 都龐嶺 · 萌渚嶺 · 騎田嶺 · 大庾嶺). 嶺南은 일반적으로 드물게 눈이 내린다. 被 : 덮다. 南越 : 광동성 · (옛)광서성 일대로 고대 百越의 땅.
23) 蒼黃(창황) : 倉皇, 매우 급하다. 噬(서) : 물다.
24) 以(이) : 已, 심히. 病(병) : 害.
25) 顧(고) : 다만, 단지.
26) 度(도) : 추측하다. 예상하다. 생각해 보다.
27) 衒怪於羣目(현괴어군목) : 많은 사람 앞에서 자기와 타인은 다르다고 자랑하다.
28) 謫過(적과) : 죄로 인해 폄적당하다.
29) 呶呶(노노) : 떠들썩하다. 咈(불) : 소란을 피우다, 소란하다.
30) 憒(궤) : 심란하다.
31) 平居(평거) : 平時. 望外(망외) : 예상 밖으로.
32) 齒舌(치설) : 口舌數.
33) 抑(억) : 발어사로, 뜻이 없음.

是聖人所尤用心者也. 數百年來, 人不復行. 近有孫昌胤者, 獨發憤行之. 旣成禮, 明日造朝至外庭,[35] 薦笏言於卿士曰:[36] "某子冠畢."[37] 應之者咸憮然.[38] 京兆尹鄭叔則怫然曳笏却立,[39] 曰: "何預我耶?"[40] 廷中皆大笑. 天下不以非鄭尹而快孫子,[41] 何哉? 獨爲所不爲也. 今之命師者大類此.[42]

吾子行厚而辭深, 凡所作, 皆恢恢然有古人形貌,[43] 雖僕敢爲師, 亦何所增加也? 假而以僕年先吾子, 聞道著書之日不後, 誠欲往來言所聞, 則僕固願悉陳中所得者. 吾子苟自擇之, 取某事去某事, 則可矣. 若定是非以敎吾子, 僕材不足, 而又

---

34) 冠禮(관례) : 고대 남자가 20세 되면 관례를 행하고 관을 써서 성인을 표시하였다.
35) 造(조) : 가다. 外庭(외정) : 군신들이 임금을 만나기 위해 기다리는 전당.
36) 薦(천) : 차다. 끼우다.
37) 某(모) : 我.
38) 憮然(무연) : 이상히 여기는 모양.
39) 京兆尹(경조윤) : 京城 소재의 행정장관. 지금의 시장. 鄭叔則 : 貞元 초 京兆尹을 하였고 5년(789년) 2월에 영주자사로 폄적 당했다. 怫然(불연) : 불쾌한 모양. 却(각) : 후퇴하다.
40) 預(예) : 간여하다.
41) 快(쾌) : 칭찬하다.
42) 命師(명사) : 스승이라고 스스로 인정하다, 자처하다.
43) 恢恢然(회회연) : 넓은 모양.

畏前所陳者, 其爲不敢也決矣. 吾子前所欲見吾文, 旣悉以陳之, 非以耀明於子, 聊欲以觀子氣色誠好惡何如也.[44] 今書來, 言者旣大過. 吾子誠非佞譽誣諛之徒,[45] 直見愛甚故然耳.[46]

始吾幼且少, 爲文章, 以辭爲工. 及長, 乃知文者以明道,[47] 是固不苟爲炳炳烺烺,[48] 務采色、夸聲音而以爲能也. 凡吾所陳, 皆自謂近道, 而不知道之果近乎, 遠乎? 吾子好道而可吾文,[49] 或者其於道不遠矣. 故吾每爲文章, 未嘗敢以輕心掉之, 懼其剽而不留也;[50] 未嘗敢以怠心易之,[51] 懼其弛而不嚴也;未嘗敢以昏氣出之,[52] 懼其昧沒而雜也;[53] 未嘗敢以矜氣作之,[54] 懼其偃蹇而驕也.[55] 抑之欲

44) 氣色(기색) : 태도. 好惡 : 본인 문장의 좋고 나쁜 점.
45) 佞譽誣諛(영예무유) : 되는대로 치켜세우고 아첨하다.
46) 直(직) : 다만. 故然(고연) : 그러므로 이렇게.
47) 明道(명도) : 古人이 말하는 도덕의 道와 글을 짓는 예술의 도를 밝히다.
48) 炳炳烺烺(병병랑랑) : 빛이 찬란하다.
49) 可 : 인정하다.
50) 剽(표) : 빠르다. 본문에서는 경박하고 겉만 번지르르하다. 留(유) : 정체하다. 본문에서는 침착하다.
51) 怠心(태심) : 해이한 생각. 易 : 경시하다.
52) 昏氣(혼기) : 가슴 속 혼탁한 기운.
53) 昧沒而雜(매몰이잡) : 문장(사고)의 맥락이 혼란하고 맑지 못하다(분명하지 못하다).

其奧,[56] 揚之欲其明,疏之欲其通,廉之欲其節,[57] 激而發之欲其清,[58] 固而存之欲其重,[59] 此吾所以羽翼夫道也[60]. 本之《書》以求其質,[61] 本之《詩》以求其恒,[62] 本之《禮》以求其宜,[63] 本之《春秋》以求其斷,[64] 本之《易》以求其動,[65] 此吾所以取道之原也.[66] 參之穀梁氏以厲其氣,[67] 參之《孟》、《荀》以暢其支,[68] 參之《莊》、《老》以肆其端,[69] 參之《國語》以博其趣,[70] 參之《離騷》以致其幽,[71] 參之太史公以

54) 矜氣(긍기) : 교만한 태도.
55) 偃蹇(언건) : 오만하다.
56) 抑(억) : 억제하다. 마음껏 발휘하지 못하고 여지를 두다. 奧(오) : 함축적이다.
57) 廉(염) : 간결히 하다. 節 : 간략하다. 검소하다.
58) 激(격) : 격동하다. 흥분시키다.
59) 固(고) : 응집하다. 모으다. 重 : 장중하다.
60) 羽翼(우익) : 보좌하다. 거들어주다.
61) 本 : 근거. 《書》 : 《尙書》. 質 : 질박하다.
62) 《詩》 : 《詩經》. 恒(항) : 長久.
63) 《禮》 : 《周禮》·《儀禮》·《禮記》. 宜(의) : 合理.
64) 斷(단) : 결단하다. 포폄(褒貶)이 명확하다.
65) 動(동) : 유동적으로 변화하다.
66) 原(원) : 원천, 근원.
67) 穀梁氏(곡량씨) : 전국시대 穀梁赤이 《春秋》를 해석해서 만든 《穀梁傳》. 厲(여) : 연마하다. 氣 : 문장의 기세.
68) 支(지) : 技. 暢其支(창기지) : 문장의 사리에 명확하게 뜻이 통하다.
69) 肆其端(사기단) : 생각을 크게 하다.
70) 《國語》 : 춘추시대 左丘明이 지은 史書로 西周 말년과 춘추시대 周·魯·晋·楚·齊·鄭·吳·越 등 귀족의 언론을 주로 기재하였다. 博其趣(박기취) : 문장의 흥취를 증진시키다.

著其潔,[72] 此吾所以旁推交通而以爲之文也.[73] 凡若此者, 果是耶, 非耶? 有取乎, 抑其無取乎? 吾子幸觀焉擇焉, 有餘以告焉.[74] 苟亟來以廣是道,[75] 子不有得焉,[76] 則我得矣, 又何以師云爾哉? 取其實而去其名, 無招越、蜀吠怪, 而爲外廷所笑,[77] 則幸矣! 宗元白.

◈ 답위중립논사도서 번역

21일 종원이 씁니다. 보내준 편지를 받아보니, 나를 스승으로 모시고 싶다고 했는데 나는 덕행이 돈독하지 못하고 학업도 매우 얕아서 자신을 돌이켜 보아도 스승이 될 만한 점이 보이지

---

71) 致(치) : 도달하다. 幽(유) : 변화가 있고 의미가 심원하다.

72) 太史公 : 司馬遷의 《史記》를 지칭. 著(저) : 명백하다. 潔(결) : 간결하다.

73) 旁推交通(방추교통) : 이곳에서 저곳까지 서로 관통하다.

74) 有餘以告(유여이고) : 여유가 있으면 나에게 말해 주십시오. 餘 : 틈, 여가.

75) 亟(기) : 누차. 廣(광) : 확충하다. 是道 : 此道, 이 道. 글을 쓰는 방법과 도리.

76) 子 : 위중립(韋中立)으로, 潭州(현 호남성 長沙) 刺史 위표(韋彪)의 손자로 元和 44년(819년)에 진사가 되었다.

77) 外延(외연) : 內延의 상대적인 말. 내연은 군주의 측근자이고, 외연은 文武百官을 가리킨다.

않습니다. 비록 일찍이 토론을 좋아하고 문장을 쓰지만, 매우 자신이 없습니다. 당신이 뜻밖에 수도에서 멀고 황폐한 永州에 와서 만나고 또 나를 마음에 들어 하는 것은 행운입니다. 내가 스스로 보아도 아무 것도 취할게 없으며, 만약 취할 점이 있어도 나는 감히 남의 스승이 될 수 없습니다. 보통 사람의 스승 되는 것도 감히 못하는데 하물며 감히 당신의 스승이 되다니요?

맹자가 말하길: "사람의 문제점은 본인이 아는 것이 많지 않아도 남의 스승이 되기를 좋아하는 것에 있다"고 했습니다. 위·진 시대 이래로 사람들은 더욱 스승을 섬기지 않았습니다. 지금 세상에는 스승이 있다는 말을 듣지 못했고 가령 스승이 있다고 해도 떠들썩하게 조소하며 그를 미친 사람이라고 여깁니다. 단지 韓愈만이 분투하고 용감하게 세태를 신경쓰지 않고 비웃음과 모욕을 무릅쓰고 후학들을 불러 모으고 〈師說〉을 썼습니다. 이로 인해 의기당당하게 스승이 되었습니다. 세상 사람들은 과연 무리지어 괴이하게 여기고, 모여서 욕을 하며 서로 눈짓을 하고, 옷을 잡으며 모종의 뜻을 암시하고 말을 보태어 헛소문을 냈습니다. 한유는 이 때문에 미친 사람이라는 말을 얻어, 장안에서 얼마 살지 않고 총총히 동쪽인 洛陽에 갔습니다. 이와 같은 일이 여러 차례 있었습니다. 굴원의 《초사》에 이르기를: "동네 개들이 무리지어 짖는 것은 괴상한 것을 보고 짖는 것" 이라고 하였는데, 나는 예전에 호북성과 사천성 이남에서 들었습니다. 항상 비가 오고, 태양을 보는 날이 적어 해가 뜨면 개들이 짖는다고 했는데 나는

지나친 말이라고 여겼습니다. 6,7년 전에 내가 남방으로 왔는데, 元和 二年 겨울에 마침 큰 눈이 五嶺을 넘어 南越의 여러 州에 내렸습니다. 이 여러 주의 개들이 모두 연일 매우 급하게 짖고 물며 미친 듯이 달리더니 눈이 다 녹아 없어지자 멈추었습니다. 나는 이제서야 비로소 지난번에 들은 것을 믿게 되었습니다. 지금 한유는 이미 스스로 사천 지방의 태양이라고 여겼고 당신은 또 나더러 南越의 눈이 되라고 하니 나를 해치게 되는 것이 아니겠습니까? 단지 나만 고생하는 것이 아니라 당신도 역시 다치게 됩니다. 그러나 하얀 눈과 태양이 어찌 잘못이 있겠습니까? 단지 개가 짖을 뿐 입니다. 지금 세상에서 짖지 않을 사람이 얼마나 될지 생각해 봅니다. 또 누가 감히 많은 사람들 앞에서 자기와 타인은 다르다고 자랑하여 조소와 분노를 자초하겠는가?

나는 폄적된 이래로 의지와 생각이 더욱 부족해졌습니다. 남쪽 지방에서 9년을 사니 각기병이 더해져서 점점 떠들썩하는 것을 싫어하는데, 어찌 말이 많은 사람이 아침에서 저녁까지 내 귀를 소란스럽게 하고 내 마음을 어지럽히게 할 수 있겠습니까? 그런즉 본래 엎어지고 넘어지고 어지러운데, 심한 번민으로 약한 몸이 되어 더욱 지낼 수가 없을 것 입니다. 평상 시 예상 밖으로 구설수를 당하는 것이 적지 않은데 단지 남의 스승이 되었다는 구설수만 없었을 뿐입니다.

또한 듣건대 옛날에 冠禮를 중시했던 것은 관례를 행한 이후 성인의 모습대로 처세하라는 이유 때문입니다. 이것은 성인이 특별히 관심을 가진 예법입니다. 수백 년 동안 사람들은 실행하지 않았습니다. 최근 손창윤(孫昌胤)이 홀로 발분하여 실행하였다고 합니다. 관례를 마치고 다음날 조정에 나가 외정에 이르러 홀을 차고 문무관원에게 말하길: '아무개 아들이 관례를 마쳤소' 라고 하니, 사람들 반응이 모두 무안했다고 합니다. 경조윤 정숙칙(鄭叔則)이 불끈하여 홀을 끌어 올리고서 물러서며 이르기를: '나와 무슨 상관이오?' 라고 하여 조정 사람들이 모두 크게 웃었습니다. 천하 사람들이 정숙칙을 비난하거나 손창윤을 칭찬하지 않으니 무슨 까닭입니까? 홀로 그는 남들이 하지 않는 것을 했기 때문입니다. 지금 스승이라고 자처하는 경우도 대체로 이와 비슷합니다.

당신은 위인이 관대하고 文辭에 깊이가 있으며, 쓴 글에 고인의 풍모가 담겨 있어서 비록 내가 감히 스승이 된다 해도 역시 무엇을 더해 줄 수가 있겠습니까? 가령 나의 나이가 당신보다 좀 많고, 도를 듣고 글을 지은 날이 뒤처지지 않아 진실로 나와 교류하고 각자의 견문을 토론하고 싶다면, 진실로 내가 알고 있는 모든 것을 알려드릴 것입니다. 당신이 스스로 선택하여 어떤 것은 취하고 어떤 것은 버리는 것이 가능합니다. 옳고 그른 것을 판정하여 당신을 가르치는 등의 일은 내 재능이 부족합니다. 또한 스승이 되어 남의 조소와 비난을 야기하는 것이 두렵기만 하니 감히 하지 못하는 것은 확실한 것입니다. 당신이 예전에 내 글을 보고 싶다 하여 이미 보내주었으니, 이는 당신에게 자랑을 하는 것이 아니라 단지 이로써 당신의 표정과 태도를 보고, 내 문장이 잘 썼는지 못썼는지를 확실히 알고자 하였습니다. 지금 편지가 와서 보니 과분한 말씀입니다. 당신은 되는대로 치켜세우고 아첨하는 사람이 아니고 다만 너무 좋아하기에 그러므로 이렇게 말하는 것 일 것입니다.

예전에 어려서 내가 글을 쓸 때 문장을 수식하면 좋다고 생각했습니다. 그 후 나이가 먹어 문장의 역할은 도를 밝히는 것이요, 본래 되는대로 형식상의 아름답고 수식의 아름다움만 추구하고 聲音의 조화를 과시하는 것이 상수가 아니라는 것을 알았습니다. 내가 보낸 문장은 모두 스스로 도에 가깝다고 여기지만, 도에 가까운지 아니면 먼 것 인지 알 수가 없습니다. 당신이 도를 좋아해서 내 글을 인정해주니, 혹시 도에서 멀지 않겠지요. 그러므로 나는 매번 글을 쓸 때 여태껏 감히 경솔한 태도를 취하지 않고 겉만 화려하고 침착하지 않을까 걱정하였습니다. 여태껏 해이한 마음으로 가볍게 쓴 적이 없고 문장의 구성이 느슨하고 엄밀하지 않을까 염려했습니다. 감히 가슴 속 혼탁한 기운을 쓰지 않았고 문장의 사유 맥락이 혼란하고 분명하지 못함을 염려했습니다. 감히 교만한 태도로 쓴 적이 없고 오만한 기세로 남을 깔볼까 두렵습니다. 글을 쓸 때 여지를 남겨둔 것은 문장을 함축적으로 표현하려고 한 것이고, 어느 때는 충분히 발휘하여 그 문장을 날카롭고 명쾌하게 합니다. 어느 때는 소통하게 하여 문장을 유창하게 표현하고자 했고, 어느 때는 문장은 간결하나 뜻은 완벽하여 간단명료하게 하였습니다. 마음의 악한 기운을 세척하여 문장을 청

신하고 명쾌하게 하였습니다. 마음속의 정기를 모아 문장을 장중하게 하였으니 이는 내가 글에서 밝히려는 도에 날개를 달아준 것 입니다. 《書經》에 근거하여 질박함을 추구했고, 《詩經》에 근거하여 감정의 항상성을 추구했으며 《禮》에 근거하여 시의적절함을 추구했습니다. 《春秋》에 근거하여 褒貶이 명확한 것을 추구했고 《易》에 근거하여 유동적인 변화를 추구하였으니, 이는 내가 도를 취한 근원입니다. 《穀梁傳》을 참고하여 문장의 기세를 연마했고, 《맹자》·《순자》를 참고로, 문장의 사리를 명확하게 하여 뜻을 통하게 하였습니다. 《莊子》·《老子》를 참고하여 생각을 넓히고, 《國語》를 참고하여 문장의 흥미를 증진시키고, 《離騷》를 참고하여 변화가 있고 의미가 깊은 표현수법을 얻었습니다. 《史記》를 참고하여 문장을 간결하고 명백하게 하였다. 이것은 내가 이곳에서 저곳까지 서로 관통한 연후에 글을 쓴 것입니다. 이와 같이 하면 과연 옳은 것인지요, 아니면 틀린 것인지요? 취할 만한 점이 있는지요, 아니면 없는지요? 당신이 보고서 선택하고 여유가 있을 때 알려주세요. 만약 자주 편지하고 토론하면 학습과 글 쓰는 도리를 넓힐 수 있을 것 같습니다. 당신은 얻는 것이 없어도 나는 얻는 것이 있을 것 입니다. 또한 어찌 스승 칭호를 써야 합니까? 다만 실제적으로 스승의 역할 만을 하고 스승의 이름을 사용하지 않고서, 南越과 蜀의 개들이 괴이한 것을 보고 짖고, 사대부의 비웃음을 당하지 않으면 다행입니다. 종원 올림.

◈ 작품 분석 및 감상

이 문장은 元和 8년(813년) 유종원이 韋中立에게 보낸 답신으로 스승을 구하고 학문을 하는 것을 논하였지만 핵심 관점은 '求師爲學' 의 원칙을 명확하게 밝히는데 있다.

이 문장은 10여 년 전 (803년) 한유가 쓴 〈師說〉과 비교할 수 있는데, 〈師說〉 이론을 발전시킨 신편이라고 할 수 있다. 한유는 〈師說〉에서 스승의 중요한 역할은 "도를 전하고, 古文과 六藝의 일을 강의하며, 의혹을 해결해 주는 것"(傳道, 受業, 解惑)이라고 천명하고, 당시 "스승에게서 배우는 것을 부끄럽게 여기는 것(恥學於師)", "사대부들이 스승을 따르는 것을 부끄럽게 여기는 것"(士大夫之族聚笑從師) 등 당시 사회의 부조리한 현상을 맹렬히 공격하였다.

본문도 같은 맥락에서 사회에 대한 질타를 구했으나, 더욱 중요한 것은 스승의 조건인 "실제적으로 스승의 역할을 하고 스승의 명의를 사용하지 않는다."(取其實而去其名)는 것이다.

유종원이 주장한 스승의 "實"은 곧 "實學"으로 풍부한 치학 실천경험이 있는 것이다. 유종원 본인이 어렸을 때 "以辭爲工"하고 성년 때는 "乃知文者以明道" 하여 감히 함부로 문장을 짓지 않았다. 그 핵심은 "本"과 "參"으로, 이것은 실로 귀중한 경험이고 자기의 관점을 문학에 실행한 것이다. 유종원은 학생과 스승의 절차탁마를 주창하여 "이곳에서 저곳까지 서로 관통한 연후에 글을 쓴 것입니다."라고 하였다. 또 그는 자율적 교학을 강조하였는데, 곧 "이와 같이 하면 과연 옳은 건지요, 아니면 그른 건지요? 취할 만한 점이 있는지요, 아니면 없는지요?(凡若此者, 果是耶, 非耶? 有取乎, 抑其無取乎?)라고 하였는데, 학생 스스로 선택하고 학생의 독립적인 사고와 분별능력을 배양하는 것을 중시하였다. 그는 이 문장에서 그의 교육사상을 토로하였는데 오늘날의 교육에도 중요한 의의가 있는 것이다.

그는 또 스승을 따르지 않는 당시의 사회풍조를 비판하였다. "사람의 문제점은 본인이 아는 것이 많지 않아도 남의 스승이 되기를 좋아하는 것에 있다"(人之患在好爲人師.) 《孟子》와 "동네 개들이 무리지어 짖는 것은 괴상한 것을 보고 짖는 것이다."(邑犬羣吠, 吠所怪也.)〈楚辭〉 두 경전을 인용하여 스승을 따르지 않는 사람과 仁義를 행하지 않는 무리들을 비판하고 屈原같은 이를 스승으로 모셔야 됨을 암시하였다. 그는 "蜀之日"과 "越之雪"로써 유종원과 한유의 공명정대하고 고상한 정신세계를 비유하였다. 또한 스승을 따르지 않는 학문은 반드시 도덕이 무너지고 是非가 전도되고 정치가 부패함을 설명하여 "從師求學"의 중요성을 논증하였다. 또한 유종원이 글을 쓰는 목적은 곧 "明道"이어서 단순하게 기교를 추구하는 것을 반대하였다. 문장을 지으려면 반드시 "抑其奧, 揚其明", "疏其通, 廉其節", "激其淸, 存其重"해야 한다고 하였다. 곧 함축적이고 명랑해야하며, 유창하고 간결해야 하며, 세속적이면 안된다고 하였다.

본문은 “師道”의 논거로 되어있으나 유종원 문학이론의 총결이고 창작에 관한 중요한 자료이기도 하다.

三戒幷序

吾恒惡世之人,[1] 不推己之本,[2] 而乘物以逞,[3] 或依勢以干非其類,[4] 出技以怒强,[5] 竊時以肆暴,[6] 然卒迨於禍.[7] 有客談麋、[8] 驢、鼠三物, 似其事, 作〈三戒〉.

---

1) 恒(항) : 항상. 惡(오) : 미워하다.
2) 推(추) : 규명하다. 살펴보다. 本 : 면모. 실제 상황.
3) 乘(승) : 빙자하다. 物 : 외부역량. 逞(영) : 제멋대로 행동하다.
4) 或(혹) : 어떤 것. 干(간) : 요구하다. 非其類 : 그의 무리가 아니다.
5) 出技(출기) : 재능을 발휘하다. 怒强(노강) : 강한 적수를 노하게 하다.
6) 竊時(절시) : 기회를 타다. 肆暴(사폭) : 제멋대로 나쁜 짓을 하다.
7) 卒(졸) : 마침내. 迨(태) : 당하다.
8) 麋(미) : 고라니.

◈ 삼계병서 번역

나는 항상 세상의 이런 사람을 미워했는데 자기의 실제 상황을 살피지 않고, 외부의 역량을 빌어 멋대로 구는 경우이다. 어떤 이는 권세에 의존하여 자신과 다른 부류와 가깝게 지내기를 구하고, 어떤 이는 재주를 발휘하여 강한 적수를 노하게 만들며, 어떤 사람은 기회를 이용하여 제멋대로 나쁜 일을 하지만 마침내 화를 당한다. 어떤 사람이 고라니·나귀·쥐 세 동물의 이야기를 나에게 하였는데 上述한 3 가지 상황과 유사하여 〈三戒〉를 짓는다.

三戒之一 臨江之麋

臨江之人,[9] 畋得麋麑,[10] 畜之. 入門, 羣犬垂涎,[11] 揚尾皆來. 其人怒, 怛之,[12] 自是日抱就犬,[13] 習示之,[14] 使勿動, 稍使與之戱. 積久, 犬皆如人意. 麋麑稍大, 忘己之麋也, 以爲犬良我友,[15] 抵觸偃仆,[16] 益

9) 臨江(임강) : 지금의 江西省 淸江縣.
10) 畋(전) : 사냥하다. 麑(예) : 작은 사슴.
11) 垂涎(수연) : 침을 흘리다.
12) 怛(달) : 두려워하다.
13) 日: 날마다. 就(취) : 접근하다.
14) 習(습) : 항상. 示之(시지) : 개에게 보이다.
15) 良(양) : 진실로, 정말.

狎.[17] 犬畏主人, 與之俯仰甚善,[18] 然時啖其舌.[19] 三年, 麋出門, 見外犬在道甚衆, 走欲與爲戲. 外犬見而喜且怒, 共殺食之, 狼籍道上. 麋至死不悟.

◈ 임강지미 번역

임강(臨江)지방의 어떤 사람이 고라니를 사냥하여 잡아 기르고자 하였다. 집안에 들어서니 뭇 개들이 침을 흘리며 꼬리를 세우고서 모두 왔다. 주인은 화를 내며 그들을 두렵게 하였다. 이날부터 고라니를 안고 개들에게 접근하여 항상 개에게 보였다. 개들이 고라니를 다치지 못하게 하면서 조금씩 같이 놀게 하였다. 오래되자 개들은 모두들 주인의 뜻을 따랐다. 고라니는 점점 자라자 자신이 고라니인 것을 잊고, 개들이 진실로 자신의 친구라고 여기어 머리를 들이대고 나뒹굴며 더욱더 친숙해졌다. 개들은 주인을 무서워하여 고라니와 함께 이리저리 놀면서 잘 지냈다. 그러나 수시로 입맛을 다셨다. 삼년이 지나 고라니는 문을 나섰는데 다른 집 개들이 많은 것을 보았

16) 抵觸(저촉) : 머리를 들이대다. 偃仆(언부) : 넘어지고 엎어지다. 본문에서는 땅에서 뒹굴다.
17) 益(익) : 더욱. 狎(압) : 친숙하다.
18) 俯仰(부앙) : 고개를 숙이고 또 고개를 들다. 본문에서는 이리저리 놀리다.
19) 啖(담) : 먹다. 본문에서는 핥다.

다. 곧 달려가 그들과 놀려고 하였다. 밖의 개들이 고라니를 보고 좋아하기도 하고 화도 내면서 모여들어 고라니를 물어뜯어서 먹었다. 먹다 남은 뼈와 피가 길에 낭자했다. 고라니는 죽으면서도 그 까닭을 깨닫지 못하였다.

◈ 작품 감상 및 분석

〈臨江之麋〉는 유종원 〈三戒〉중에 있는 우언이다. 三戒는 마땅히 경각심을 가지고 경계하는 일로 "孔子曰: 君子有三戒"《論語 · 季氏》라는 문장에서 작품 이름을 취하였다. 이 작품은 유종원이 永州에 유배 간 후 저술한 〈臨江之麋〉·〈黔之驢〉·〈永某氏之鼠〉 3편의 우언고사이다.

작자가 序에서 글을 쓴 동기를 간단하게 표현하였는데, 자기 본분을 모르고 외부의 사물을 빌어 멋대로 구는 것을 미워하였다. 어떤 이는 세력에 의존하여 자신과 다른 부류를 건드리는 것이 고라니 같고, 어떤 이는 재주를 부려 강자를 노하게 만드는 것이 나귀 같으며, 어떤 이는 때를 악용하여 포악하게 굴지만 끝내는 화를 당하는 쥐와 같은 상황을 우언으로 표현하였다. 고라니 · 나귀 · 쥐 세 동물의 이야기를 통해 작자는 그 序에서 고사의 내용과 핵심이 되는 생각을 개괄하였다.

〈臨江之麋〉은 麋鹿의 짧은 일생을 기술한 것으로, 臨江은 지금의 江西省 淸江縣이고 미(麋)는 고라니이다. 주인의 총애를 받던 고라니는 어려서부터 주인의 보호 속에서 생활하였는데 개들이 그를 다치지 않게 특별보호를 하였다. 3년 후 주인이 외출하자 밖의 개들은 고라니를 잡아먹어 온 땅에 털과 피와 뼈가 뒹굴었다. 고라니는 죽으면서도 자기가 먹힌 이유를 알지 못했다.

작가는 고라니의 이미지를 아주 사실적으로 형상화하였는데, “入門” 과 “出門”으로 그는 두 곳의 같지 않은 환경을 경험하였다. “入門”은 곧 주인의 보호 아래 고라니인 것조차 잊고 개들을 진정한 친구로 여기며 맞서고 나뒹굴었다. 생동적인 표현을 통하여 고라니의 외부 세력에 의한 방종과 거만한 모습을 표현하였다. “出門”은 고라니가 주인의 비호를 잃었지만 여전히 집에 있는 것처럼 바깥의 개와 친하게 뒹굴다가 이유도 모른 채 잡혀먹었다. 작자는 또한 개에 대하여 민감한 관찰력과 풍부한 상상력으로 묘사하였는데 “垂涎”, “揚尾”, “俯仰”, “啖其舌” 등으로 개에 대한 다른 동작을 묘사하고 개의 본성 까지도 잘 표현하였다. 이 우언 작품은 또한 고라니를 인격화하고 사회의 “권세에 의존하여 자신과 다른 부류와 가깝게 지내기를 구하는 것”(依勢以干非其類)을 풍자하여 그들이 권세에 의지하여 추악한 행위를 하는 것에 대하여 견책하고, 아울러 그 불쌍한 운명을 예언하였다. 작가는 평범하고 간결한 서술 가운데 현실사회의 현상을 신랄하게 고발하였다.

三戒之二 黔之驢

黔無驢,[20] 有好事者船載以入. 至則無可用, 放之山下. 虎見之, 尨然大物也,[21] 以爲神. 蔽林間窺之, 稍出近之, 慭慭然莫相知.[22] 他日, 驢一鳴, 虎大駭, 遠遁, 以爲且噬己也,[23] 甚恐, 然往來視之, 覺無異能者.[24] 益習其聲, 又近出前後, 終不敢搏. 稍近, 益狎,[25] 蕩倚衝冒,[26] 驢不勝怒,[27] 蹄之.[28] 虎因喜, 計之曰:[29] "技止此耳!" 因跳踉大㘎,[30] 斷其喉, 盡其肉, 乃去. 噫! 形之尨也類有德, 聲之宏也類有能.[31] 向不出其技,[32] 虎雖猛, 疑畏, 卒不敢取. 今若是焉,[33] 悲夫!

---

20) 黔(검) : 貴州省의 약칭.
21) 尨(방) : 龐과 통용.
22) 慭慭然(은은연) : 조심스럽고 소심한 모양. 莫相知 : 무슨 물건인지 모르다.
23) 且(차) : 장차 … 하려고 하다. 噬(서) : 물다.
24) 異能(이능) : 다른 능력.
25) 狎(압) : 버릇없이 굴다.
26) 蕩(탕) : 충돌하다. 倚(의) : 가까이 하다. 衝(충) : 부딪히다. 冒(모) : 무례한 짓을 하다.
27) 不勝(불승) : 대단히.
28) 蹄(제) : 차다.
29) 計(계) : 생각하다.
30) 跳踉(도량) : 뛰어들다.
31) 類(유) : 마치.
32) 向(상) : 當初.
33) 若是(약시) : 이와 같다.

◈ 검지려 번역

검(黔)지방에는 나귀가 없는데 일 만들기 좋아하는 어떤 사람이 배에 싣고 들여왔다. 그 지방에 온 후 쓸데가 없어 산 아래에 풀어주었다. 호랑이가 보니 덩치가 크기에 대단히 진기한 동물로 여겼다. 숲에 숨어 훔쳐보며 조금씩 가까이 갔다. 그러나 조심스러워하며 어떤 것인지 몰랐다. 어느 날 나귀가 한 차례 울자 호랑이는 몹시 놀라 멀리 숨으며 자기를 물려는 줄 알고 매우 두려워했다. 그러나 오가며 나귀를 보고 별다른 능력이 없다고 여겼다. 더욱 나귀의 우는 소리에 익숙해지고 또 앞뒤로 접근하면서도 마침내 감히 덤벼들지는 못하였다. 조금씩 가까이 가서 버릇없이 굴고, 가까이 가서 부딪히고 무례한 짓을 하자, 대단히 화를 내고 발길질을 하였다. 호랑이는 마음속으로 기뻐하며 생각하여 말하기를: "재주가 그 정도밖에 안 되는구나!" 하고 뛰어들어 크게 으르렁거리며 그 목을 끊고 살을 모두 먹어치우고 사라졌다. 아! 덩치가 커서 마치 德이 있는 것 같고, 소리가 우렁차서 능력이 있는 것 같았다. 당초 재주를 내보이지 않았을 때는 호랑이가 비록 사나워도 마음으로 의심하고 두려워하여 끝내 감히 그것을 먹지 못했었다. 지금 이와 같이 되었으니 슬프구나!

◈ 작품 감상 및 분석

〈黔之驢〉는 유종원 〈三戒〉 가운데 가장 특색 있는 우언이다. 검(黔)은 唐代 黔中道의 줄임말로 현재의 사천성 동남부, 호북성 서남부, 귀주성 북부와 호남성 서부인데, 후일에 貴州省이 黔으로 약칭되었다.

작품은 형상화된 언어로 운용되고 간단한 정면 묘사와 복잡한 측면 묘사의 수법을 채용하였다. 본문에서는 호랑이의 표정과 태도를 묘사하였는데 호랑이의 심리변화와 행위 동작 등을 유기적으로 표현하였다. 나귀에 대한 각종 반응을 통하여 나귀의 성격과 본질을 드러내 보였다. "숲에 숨어 훔쳐보며"(蔽林間窺之), "조금씩 접근하였는데"(稍出近之), "멀리 숨으며"(遠遁), "오가며 보고는"(往來視之), "앞뒤로 접근하면서도"(近出前後), "조금씩 가까이 가는"(稍近) 등 공간 방향의 전환에 따라서 호랑이가 나귀에 대한 두려움이 조금씩 감소된 모습을 묘사하였다. 또 "조심스러워 하며"(慭慭然), "장난치며 흔들어대고 덤벼드니"(益狎, 蕩倚衝冒) 등으로 호랑이가 소심스럽게 접근하다가 덤비는 모습을 생동적으로 표현하였다. "진기한 것으로 여기고"(以爲神), "자기를 물려는 줄 알며"(以爲且噬已也), "다른 재주가 없다고 여기며"(覺無異能者), "재주가 이 정도에 그칠 뿐이네"(技止此耳)라고 하면서 사실적으로 호랑이의 "恐", "怒", "喜"로 변화하는 심리상태를 전개하였다. 또한 "뛰어들어 크게 부르짖고는 그

목을 끊고 살을 모두 먹어치우다"(跳踉大㘎, 斷其喉, 盡其肉)고 하여 호랑이가 나귀를 두려워하고, 나귀를 알고, 나귀가 비참하게 최후를 맞이하는 장면을 묘사하였다. 이 과정을 통하여 나귀의 형체가 크고 목소리도 크지만 실은 유약하고 무능한 본질을 표출한 것이다.

이 우언작품은 유종원이 자기의 정적을 겨냥하여 쓴 것인데 재능이 없고 덕도 없으나 자신의 능력을 뽐내는 "黔驢"식의 인물을 풍자한 것으로, 그들의 졸렬하고 어리석은 본질을 비판하였다.

三戒之三 永某氏之鼠

永有某氏者,[34] 畏日,[35] 拘忌異甚, 以爲己生歲値子,[36] 鼠, 子神也. 因愛鼠, 不畜貓犬, 禁僮勿擊鼠. 倉廩庖廚, 悉以恣鼠不問.[37] 由是鼠相告, 皆來某氏, 飽食而無禍. 某氏室無完器, 椸無完衣,[38] 飮

---

34) 永(영) : 永州, 지금의 호남성 零陵縣.
35) 畏日(외일) : 기일에 저촉되는 것을 두려워하다. 예전에 미신을 믿는 사람은 날짜에도 길흉이 있다고 여기고, 나쁜 날에는 어떤 일하는 것을 금기하였다. 만약 금기를 어기면 귀신이 재앙을 내릴 것이라고 여겼다.
36) 生歲(생세) : 출생한 해. 値(치) : 해당하다.
37) 恣(자) : 하고 싶은 대로 놔두다.
38) 椸(이) : 옷걸이.

食大率鼠之餘也.[39] 晝累累與人兼行,[40] 夜則竊齧鬭暴,[41] 其聲萬狀, 不可以寢, 終不厭. 數歲, 某氏徙居他州. 後人來居, 鼠爲態如故. 其人曰: "是陰類惡物也,[42] 盜暴尤甚, 且何以至是乎哉!" 假五六貓,[43] 闔門撤瓦,[44] 灌穴, 購僮羅捕之.[45] 殺鼠如丘, 棄之隱處,[46] 臭數月乃已, 嗚呼! 彼以其飽食無禍爲可恒也哉![47]

---

39) 大率(대솔) : 대부분.
40) 累累(누누) : 떼를 짓다. 兼行(겸행) : 동행.
41) 竊齧(절설) : 몰래 물어뜯다. 鬭暴(투폭) : 극렬하게 싸우다.
42) 陰類(음류) : 빛을 보면 두려워하여 단지 음침한 곳에서 활동하는 동물.
43) 假(가) : 借.
44) 闔(합) : 문을 닫다.
45) 購僮(구동) : 돈을 내서 일꾼을 고용하다. 羅捕(나포) : 사면을 포위하여 잡다.
46) 隱處(은처) : 편벽하고 은폐된 곳.
47) 恒(항) : 長久.

◈ 영모씨지서 번역

영주에 모씨가 살았는데 忌日에 저촉되는 것을 두려워하여 금기를 따지는 것이 유달리 심하였다. 자신이 태어난 해가 子의 해에 해당한다고 여겼는데 쥐는 子해의 神이라, 이 때문에 쥐를 아끼어 고양이나 개를 기르지 않았으며 하인이 쥐를 잡는 것을 금지시켰다. 곳간과 주방은 모두 쥐가 하고 싶은 대로 놔두고 관여하지 않았다. 이 때문에 쥐들 끼리 서로 알려서 모두 모씨 집에 와서 배불리 먹으면서도 어떤 위험도 없었다. 모씨의 집안에는 성한 그릇이 없었으며 옷걸이에는 성한 옷이 없었고, 음식물도 대부분 쥐가 남긴 것들이었다. 낮에도 떼를 지어 사람과 같이 다니고 밤이면 몰래 물어뜯고 극렬하게 싸우며 떠드는 소리가 요란하니 잠을 잘 수가 없었다. 그러나 그는 끝내 미워하지 않았다. 몇 년이 지나 모씨는 다른 곳으로 이사 가고 다른 이가 와 살게 되었는데 쥐들의 행태는 예전과 같았다. 새 주인이 말하기를: "이 쥐들은 음침한 곳에서 활동하는 못된 놈들이로다. 물건을 물어뜯고 싸우는 것이 특히 심하다지만 어찌 이 지경에 이를 수 있는가!" 라고 하였다. 고양이 대 여섯 마리를 빌려 와서 문을 닫고 기와를 걷어내고는 쥐구멍에 물을 부어 넣었으며 일꾼을 고용하여 사면을 포위하고 잡았다. 죽은 쥐는 언덕만큼 쌓여 편벽하고 은폐한 곳에 버렸는데 악취가 여러 달이 지나서야 사라졌다. 아! 그 놈들은 포식하면서도 화를 당하지 않는 일이 영원할 수 있다고 여겼단 말인가!

◈ 작품 감상 및 분석

유종원은 쥐가 물건을 훔치고 피해가 극심하며 최후에 완전히 소탕되는 고사를 통하여 사회적으로 "때를 악용하여 포악하게 굴지만 끝내는 화를 당한다."(竊時以肆暴, 然卒迨於禍)는 〈三戒幷序〉류의 사람을 비판하였다.

永州에 사는 某氏는 미신을 믿어, 쥐의 해에 태어났기에 쥐를 신주 모시듯 하고 쥐를 잡지 않으며 고양이도 기르지 않았다. 창고와 주방은 쥐의 세상이 되어도 방임하였다. 쥐의 방자함은 이에 그치지 않고 다른 쥐에게도 알려서, 그들이 와서 배불리 먹고도 화를 당하지 않았다. 모씨의 집안에는 성한 기물과 옷이 없었고, 음식물도 대부분이 쥐가 남긴 것들이었다. 낮에도 사람과 같이 다니고 밤이면 사납게 싸워대며 온갖 소리를 내었다. 그릇, 옷, 먹는 것 뿐 만 아니라 낮부터 밤까지 각 방면에서 쥐가 사람에 끼친 파괴, 소란스런 모습과 날뛰는 상황 등을 과장의 수사법으로 묘사하였다.

마지막 단락에서는 새로운 주인이 와서 고양이 대 여섯 마리를 빌려오고, 쥐구멍에 물을 부어 넣고, 일꾼을 고용하여 모조리 잡아 죽였다. 죽은 쥐를 먼 곳에 버렸는데도 언덕만큼 쌓여 있어 악취가 여러 달이 지나서야 사라졌다.

"某氏"와 "後人"으로 쥐에 대한 선명한 대비를 이루었는데, 전자는 쥐를 쥐신으로 대접을 하고, 후자는 "陰類惡物"로 간주하였다. 또 각각 "恣鼠", "殺鼠"로 표현하여 쥐로 풍자되는 무도

한 인물들을 아주 강렬하게 묘사하였다. 또한 부패한 이들을 비호하는 통치자를 공격하고 악습을 제거하는 사람을 칭송하였다.

유종원이 〈三戒〉를 저술 했을 때는 유배생활을 하여 매우 핍박을 받는 생활을 하였지만 정의를 고수하는 그의 정치사상을 바꾸지 않고 견지해 나갔다. 그는 시대와 세상을 구하는 뜻을 가지고 자기의 주장과 견해가 실현되기를 희망하였다.

箕子碑

凡大人之道有三:[1] 一曰正蒙難,[2] 二曰法授聖,[3] 三曰化及民.[4] 殷有仁人曰箕子,[5] 實具茲道, 以立於世, 故孔子述六經之旨,[6] 尤殷勤焉.[7]

當紂之時, 大道悖亂. 天威之動不能戒, 聖人之言無所用. 進死以併命,[8] 誠仁矣, 無益吾祀故不

---

1) 大人 : 聖賢.
2) 正蒙(정몽) :《易》: "蒙以養正, 聖功也." 곧 무지하도록 묵묵히 正道를 수양하면 至聖의 성과를 이룬다. 難 : 위험과 재난.
3) 法(법) : 다스리는 도. 聖(성) : 현명한 군주.
4) 化(화) : 교화하다.
5) 箕子(기자) : 商나라 주왕(紂王)의 숙부로 箕땅(지금의 山西省 太谷縣)에 봉해졌다. 주왕은 포악한 정치를 하여 기자가 간하였으나 듣지 않고, 마침내 그를 감옥에 가두었다. 周나라 武王이 그를 석방하고 당시 수도인 호경(鎬京)에 오게 하였다.
6) 六經(육경) :《詩》·《書》·《易》·《禮》·《樂》·《春秋》의 儒家경전.
7) 殷勤(은근) : 箕子를 중시하고 격찬하다.
8) 進死以併命(진사이병명) : 比干은 간언을 하여 紂王에 의해 살해되었다.《史記 · 宋世家》: "王子比干者, 亦紂之親戚也, 見箕子諫

爲;[9] 委身以存祀,[10] 誠仁矣, 與亡吾國故不忍. 具是二道, 有行之者矣. 是用保其明哲, 與之俯仰. 晦是謨範,[11] 辱於囚奴. 昏而無邪, 隤而不息.[12] 故在《易》曰: "箕子之明夷."[13] 正蒙難也. 及天命旣改,[14] 生人以正.[15] 乃出大法,[16] 用爲聖師, 周人得以序彝倫而立大典.[17] 故在《書》曰: "以箕子歸作〈洪範〉." 法授聖也. 及封朝鮮,[18] 推道訓俗. 惟德無陋, 惟人無遠. 用廣殷祀, 俾夷爲華,[19] 化及民也. 率是大道,[20] 藂於厥躬.[21] 天地變化, 我得其正, 其大人歟?

不聽而爲奴", "乃直言諫紂, 紂怒曰: '吾聞聖人之心有七竅, 信有諸乎?' 乃遂殺王子比干, 刳視其心."

9) 祀(사) : 宗廟제사. 여기서는 治國.
10) 身以存祀(신이존사) : 商나라 紂王의 이복 형 미자(微子)는 殷나라를 떠나가서 주나라에 항복하였다.《史記 · 宋世家》: "微子度紂終不可諫", "於是太師小師乃勸微子去, 遂行. 周武王伐紂克殷, 微子乃持其祭器造於軍門, 肉袒面縛, 左牽羊, 右把矛, 膝行而前以告. 於是武王乃釋微子, 復其位如故." 祀 : 年. 여기서는 奉命하다.
11) 晦(회) : 숨기다. 謨(모) : 책략. 範(범) : 모범.
12) 隤(퇴) : 무너지다.
13) 明夷(명이) : 韜光養晦(도광양회).
14) 天命旣改(천명기개) : 武王이 紂王을 멸망하고 周나라를 건립한 일.
15) 生人(생인) : 生民. 백성.
16) 大法(대법) : 〈洪範〉.
17) 彝倫(이륜) : 사람으로서 지켜야 할 도리. 典 : 典章制度.
18) 及封朝鮮(급봉조선) :《史記·宋世家》: "於是武王乃封箕子於朝鮮而不臣也."
19) 俾(비) : 使.
20) 率(솔) : 망라하다.

於虖![22] 當其周時未至, 殷祀未殄.[23] 比干已死, 微子已去. 向使紂惡未稔而自斃,[24] 武庚念亂以圖存,[25] 國無其人, 誰與興理? 是固人事之或然者也.[26] 然則先生隱忍而爲此. 其有志於斯乎? 唐某年作廟汲郡,[27] 歲時致祀.[28] 嘉先生獨列於《易》象, 作是頌云:

蒙難以正, 授聖以謨. 宗祀用繁,[29] 夷民其蘇.[30]
憲憲大人,[31] 顯晦不渝.[32] 聖人之仁, 道合隆汚.[33]
明哲在躬, 不陋爲奴. 沖讓居禮,[34] 不盈稱孤.[35]

---

21) 蓤(총) : 모이다. 厥躬(궐궁) : 其身, 곧 箕子.
22) 於虖(어호) : 嗚呼.
23) 殄(진) : 소멸하다.
24) 稔(임) : 오랜 세월이 지나다.
25) 武庚(무경) : 紂王의 아들, 이름은 祿父. 주나라 武王이 紂王을 멸망했는데, 武庚을 봉해서 殷나라 제사를 지내게 하였다. 武王 死后, 武庚과 管叔 · 蔡叔이 모반하여 周公에 의해 살해되었다.
26) 或然(혹연) : 可能.
27) 汲郡(급군) : 商나라의 옛 땅으로 지금의 河南省 汲縣.
28) 祀(사) : 제사.
29) 宗祀用繁(종사용번) : 箕子는 朝鮮에 봉한 후에 40여 년 간 통치하였는데 스스로 왕이라 칭했다.
30) 吏民(이민) : 東夷의 백성으로, 곧 조선지역의 백성. 蘇(소) : 곤경 중에서 회복하여 안정을 얻다.
31) 憲憲(헌헌) : 고상한 모양.
32) 顯晦(현회) : 득의와 실의. 渝(투) : 바뀌다.
33) 隆汚(융오) : 興衰.

高而無危, 卑不可踰. 非死非去, 有懷故都.[36)]

時詘而伸,[37)] 卒爲世模,《易》象是列,[38)] 文王爲徒.

大明宣昭, 崇祀式孚.[39)] 古闕頌辭,[40)] 繼在後儒.

◈ 기자비 번역

대인의 道가 세 가지가 있는데, 첫째는 正道를 지키다가 고난을 당하는 것이고, 둘째는 성인에게 법도를 전해주는 것이며 셋째는 교화가 백성에게 미치는 것이다. 殷나라 때 기자(箕子)라는 어진 사람이 있어 실로 이 도를 갖추어 세상에 우뚝 섰다. 그러므로 孔子는 六經의 뜻을 저술할 때 그에 대해 특히 정성을 다하였다.

주왕(紂王)때 大道가 무너지고 혼란해져 하늘의 위엄을 동원해도 경계할 수 없었고 성인의 말씀도 소용이 없었다. 비간이 죽음을 무릅쓰고 간하였으니 참으로 어질다 할 수는 있습

---

34) 沖讓(충양) : 겸허하고 온화하다.
35) 盈(영) : 자만하다. 稱孤 : 稱王.
36) 有懷故都(유회고도) :《史記 · 宋世家》: "箕子朝周, 過故殷墟, 感宮室毁壞, 生禾黍, 箕子傷之."
37) 詘(굴) : 屈.
38)《易》象 :《易 · 明夷》: "內文明而外柔順, 以蒙大難, 文王以之. 利難貞, 晦其明也, 內難而能正其志, 箕子以之."
39) 孚(부) : 浮. 출현하다. 唐나라 때 廟를 세워 기자를 제사지내다.
40) 闕(궐) : 모자라다.

니다. 내 종묘 제사를 보존하는데 도움이 되지 않기에 (기자는) 하지 않았다. 미자는 몸을 굽혀 종묘 사직의 제사를 존속시켰으니 진실로 어질다 할 수는 있다. 그러나 (기자는) 나라 망하는 것을 돕는 것 같아 차마 그렇게 하지 않았다. 이 두 道를 모두 갖추면서 행한 사람이 있었다. 이는 곧 기자(箕子)로 이러한 일을 행하여 명철함을 보존하여 세파와 같이 부침했고 자기의 계획을 감추고 옥에 갇히고 노예가 되는 치욕을 당했다. 세상이 아무리 어지러워도 나쁜 마음을 품지 않았고 자신의 희망이 무너져도 끊임없이 정진했습니다. 그러므로《易》에서 이르기를: "기자의 밝음이 감추어졌다"고 했으니 正道를 지키다가 어려움을 당한 것을 말하는 것입니다. 천명이 바뀌어 周나라가 집권하고 백성이 바르게 되자 홍범(洪範)을 세상에 내어 성인의 스승이 되었다. 주나라는 이로써 윤리를 정리하고 나라의 큰 법령을 세울 수 있었다. 그러므로《書經》에서 "기자가 돌아와 홍범을 지었다."고 했는데 이것은 그가 성인에게 법도를 전해준 것을 이르는 것입니다. 그가 朝鮮에 봉해진 후 도를 보급하고 풍속을 변화시키고 덕행을 행함에 누추함을 가리지 않고, 사람을 가르침에 먼 곳을 가리지 않았다. 그리하여 殷나라 왕실 제사의 규모를 넓히고 오랑캐를 중국사람으로 만들었으니 교화가 백성에 미친 것이다. 이 세 가지 큰 도를 따라 행하여 그것을 자신에게 집중시킴으로써 천지가 변화해도 자신은 그 바른 도를 얻었으니 대인인 것이다.

아! 주나라의 시대도 아직 건국되지 않고 은나라의 제사도 아직 끊기지 않았는데 비간은 이미 죽고 미자는 이미 떠난 상황에, 주왕은 죄악이 극에 이르기 전에 스스로 죽어, 그의 아들인 무경(武庚)이 나라 어지러운 것을 염려하여 나라의 존속을 도모하는데, 나라에 사람이 없다면 누구와 함께 나라를 다스리겠습니까? 이는 진실로 인간사에 있어서 혹 있을 수 있는 일이다. 그러한즉 선생이 겉으로 드러내지 않고 참고 견딘 것은 이것을 염두에 두었던 것이로다! 당나라 어느 해에 급군(汲郡)에 사당을 짓고 해마다 때 맞춰 제사를 지냈습니다. 선생이 홀로《易經》에서 선생의 성명이 나온 것이 기뻐 이 頌을 지었다고 했습니다.

바른 일을 위해 고난을 무릅쓰고
성인에게 법도를 전해주었다.
이로써 나라의 왕실이 번창했고
동쪽 나라 백성도 소생했다.
위대한 대인은
드러나도 은거해도 어짐은 변함이 없었다.
성인의 인을 갖추어
치세든 난세든 도가 합당했다.
명철함을 몸에 지녀
노예가 되는 것도 천하다 여기지 않았다.
온화하고 겸허한 예법 지키어
왕이 된 후에도 자만하지 않고

높아도 위태롭지 않고
낮아도 감히 넘지 못했다.
죽지 않고 떠나지 않은 것은
고국을 마음에 품은 것이다.
굽힘과 폄을 시의적절하게 하면서
결국 세상의 모범이 되었다.
《易》에 실려
文王과 동류가 되었다.
당대에 들어와 선생의 사당을 짓고
숭배하며 정성껏 제사 지내다.
옛날에는 찬송하는 글이 없다가
후학들이 뒤이어 칭송하였다.

◈ 작품 감상 및 분석

이 문장은 유종원이 기자묘(箕子廟)를 위하여 쓴 비문이다. 箕子는 商나라 주왕(紂王)의 숙부이다. 주왕이 잔인무도하여 기자는 간언하였으나 듣지 않자 머리를 풀고 미친 사람으로 가장하였고, 주왕에 의해 감옥에 감금되었다. 武王이 주왕 정벌에 성공하자 그를 석방해주고, 그에게 천하의 도를 요청하였고 이에 기자가 진술한 것이 《尙書 · 洪範》이다. "洪"은 "大"의 뜻이고, "範"은 '法"의 뜻이어서 곧 "천하의 대법"이다. 기자가 주나라 신하가 되는 것을 치욕스러워하자 무왕은 그를 朝鮮에 封하였다.

본문에서는 먼저 도덕이 고상한 사람은 세 가지 품행을 갖추어야 한다고 하였다. 正道가 곧바로 행하기에 어려움을 무릅써야 하며 두 번째는 천하의 법규를 聖賢에게 전수하는데 만세의 규범이 되어야 한다. 세 번째는 교화의 功은 백성들에게 두루 미쳐야 한다고 하였다. 작가는 箕子가 이 기준에 부합된다고 여기고 첫머리에 요지를 밝혔는데 간결하고 명쾌하다.

두 번째 단락은 기자의 德을 밝히기 전에 먼저 比干과 微子를 비교하였다. "죽음을 무릅쓰고 간하였으니, 참으로 어질다."(進死以併命, 誠仁矣.) 이것은 비간을 언급하는 것이다. 비간은 주왕의 숙부인데 《史記 · 殷本紀》에 의하면 "왕은 더욱 음란해면서 멈추질 못했다. …… 비간이 이르기를: '신하된 자는 죽음으로써 간하지 않을 수 없다.'며 주왕에게 강력하게 간하였다. 주왕이 화가 나서 '성인의 심장에는 일곱 개의 구멍이 있다고 들었다.' 면서 비간을 해부하여 그 심장을 보았다." (紂愈淫亂不止……比干曰: '爲人臣者, 不得不以死爭.' 乃强諫紂. 紂怒曰: '吾聞成人心有七竅.' 剖比干, 觀其心.) 비간은 죽음으로써 '仁'을 행한 것이었지만, 국가운명에는 무익하여, 箕子는 그렇게 하지 않겠다고 생각했다. "몸을 굽혀 종묘 사직의 제사를 존속시켰으니 진실로 어질다."(委身以存祀, 誠仁矣.) 이것은 微子를 가리키는 말인데 미자는 주왕의 庶兄이다. 《史記 · 宋微子世家》에 따르면 "미자가 이르기를: '부자

간에는 골육의 정이 있고 군신 사이에는 도의로 맺어져 있다. 고로 아버지가 잘못이 있어, 자식이 여러 차례 간해도 듣지 않으면 그를 따라다니며 통곡한다. 신하가 여러 번 간해도 임금이 듣지 않으면 그 도의에 따라 떠날 수 있다.'고 하였다. 이에 태사, 소사들이 미자에게 떠나기를 권하니 미자는 마침내 갔다." (微子曰: '父子有骨肉, 而臣主以義屬. 故父有過, 子三諫不聽, 則隨而號之; 人臣三諫不聽, 則其義可以去矣.' 於是太師, 小師乃勸微子去, 遂行.) 미자는 은나라가 폐하지 않기 위해 자기를 낮추고 절개를 꺾는 것, 이것 역시 '仁'이라 여겼다. 그러나 기자는 이렇게 하지 않았다. 箕子는 죽을 수 없었고 또 떠날 수도 없어서 비로소 明哲保身하고 국가를 위해 기획한 마음을 숨겨두었다. 비록 노예와 같은 삶이라도 그 바름을 잃지 않았고, 감옥에 갇혔어도 그 뜻을 고치지 않았다. 후에 朝鮮에 책봉되어서 도를 근본으로 세속을 가르치고 오직 덕으로 감싸고 사람을 가르쳐 은의 제사가 끊이지 않고 이어지게 하고 이족(夷族)의 교화가 백성에 미친 것이다. 이 큰 도가 모두 그에게 모여서 천지가 변하였기에 대인이라고 하였다.

마지막 부분에서 "隱忍"(겉으로 드러내지 않고 참고 견딘 것) 두 글자를 사용하여 작자의 숨겨진 고충을 표현하여 그 의미가 더욱 특별한 것 같다.